상위 1%의
금융 비즈니스맨이 되기 위한
핵심 마케팅 기법

보험영업
불변의 법칙

상위 1%의 금융 비즈니스맨이 되기 위한 핵심 마케팅 기법
보험영업 불변의 법칙

1판 1쇄 인쇄 2012년 1월 10일
1판 1쇄 발행 2012년 1월 20일

지은이 차재혁 **펴낸이** 조헌성 **펴낸곳** (주)미래와경영
책임 엄진영 **디자인** 이인숙·김석미 **영업/마케팅** 류석균
표지디자인 양은정 **인쇄** 해외정판사 **제본** 대산바인텍
주소 서울특별시 구로구 구로동 222-14
대표전화 (02)837-1107 **팩스** (02)837-1108
등록번호 제 16-2128호
홈페이지 http://www.FNM.co.kr

값 15,000원
ISBN 978-89-6287-095-4 13320

※이 책 내용의 일부 또는 전부를 재사용하려면 반드시 (주)미래와경영의 동의를 얻어야 합니다. 잘못 만들어진 책은 구입하신 서점에서 교환해 드립니다.
※이 책은 2009년 출간되었던 금융비즈니스 성공 바이블의 리뉴얼판입니다.

상위 1%의
금융 비즈니스맨이 되기 위한
핵심 마케팅 기법

보험영업 불변의 법칙

차재혁 지음

미래와경영

서·언

　금융 선진국 캐나다에서 금융상품 도소매업에 근무하면서 경험적, 지식적으로 배운 모든 비즈니스의 시스템을 한국에 알리려는 의미에서 본 저서를 집필하게 되었다. 이 책에 담겨진 모든 내용은 100여년 이상의 역사를 가진 서구 금융 비즈니스 세계의 표준화 작업에 의거 향후 우리나라의 금융 독립 사업가 비즈니스 모델이 될 가능성이 크다는 점을 먼저 말씀 드리고 싶다.

　필자는 한국에서 대학 졸업후 금융업에 처음 입문하여 약 4년 정도를 일하다가 캐나다로 이민하여 그곳에서 빅 마켓의 경험을 쌓았으며 금융전문스쿨을 두군데 졸업하면서 국제 최고 명성의 금융자격(CFP, CLU)을 획득한 바 있고 이를 토대로 금융 비즈니스를 해 왔기 때문에 재무설계사를 꿈꾸는 많은 지망생들에게 비즈니스의 성공 표준(Standard)이란 개념을 주고자 한다.

　"성공하는 사람들은 다르다."

　어떤 분야이든 상위 10% 안에 드는 사람들은 성공했다는 인지도를 받는다. 이들은 돈과 명예를 거머쥔 사람들이다. 분야에 상관없이 성공하는 사람들이 갖고 있는 공통점을 조사해 보았다.

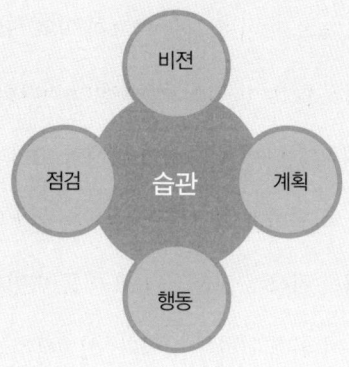

　상기 그림에서 보았듯이 성공한 사람들은 좋은 습관을 형성하고 있다. 건강하고 싶다면 건강한 사람을 모델 삼아 똑같은 방식으로 똑같이 생각하고 똑같이 행동해야 한다. 건강한 사람과 똑같은 식생활 습관과 규칙적 운동습관을 가졌을 때 대부분의 사람들은 건강해진다. 마찬가지로 어떤 비즈니스에서 성공하려면 해당 비즈니스에서 인지도 있는 성공한 사람을 모델링해야 한다. 똑같이 모방하려고 노력하다 보면 어느 정도의 시간이 흘렀을때 비슷한 능력을 갖추게 되며, 이후 독창성과 창조성이 있다면 초기에 모델링을 했던 인물보다 더 큰 능력자가 될 수 있는 것이다.

　비즈니스 세계에서 세계적으로 성공했다는 도널드 트럼프나 브라이언 트레이시, 조지 소로스 같은 인물을 분석해 보면 다음과 같은 공통점을 발견할 수 있다.

　첫째, 그들은 비전형 인물들이다. 자기가 하고 싶은 일에 대해 대단한 비전을 갖고 있으며 이 비전을 확고히 믿고 사랑한다. 최초단계부터 성공할 때까진 많은 비즈니스 변동성이 기다리고 있다. 이 비전을 믿고 사랑하지 않는다면 변동성이 발생할 때마다 쓰러져서 다시 일어서지 못한다. 비전이란 확고한 느낌과 목표가 있기에 쓰러질 때마다 다시 일어서서 하나의 교훈을 얻고 이를 버팀목으로 하여 꾸준히 비전을 달성하기 위해 일하는 것이다. 실패하지 않는 사람은 성공할 수 없다는 말이 여기에서 나오는 것이다.

둘째, 비즈니스를 성공하기 위해선 좋은 계획이 필요한데 좋은 계획은 시기와 마켓에 적합한 전략을 만들어 내기 때문이다. 계획없는 행동은 실패만 만들어 낼 뿐이다. 계획이 없기에 실패를 해도 원인을 찾을 수 없고 원인을 모르기 때문에 수정이란 보완절차가 만들어 질 수 없다. 성공한 비즈니스는 치밀하게 분석되고 연구된 좋은 계획으로부터 나온다는 세상을 진실을 꼭 명심하기 바란다. 건축 설계도가 없는 건축물이 있을 수 있을까라는 생각을 해 보면 금방 알 수 있는 내용이다.

셋째, 비즈니스의 성공의 결실은 결국 행동하느냐 마느냐에 달렸다. 즉, 계획의 실행에서 나온다는 것이다. 세상에 획기적인 아이디어 상품이 나와서 히트를 치고 엄청난 돈을 벌어들이는 경우를 우리는 세상을 살면서 많이 볼 수 있다. 가끔씩 주변에서 히트 상품을 두고 "저거 내가 생각했던 건데…." 하는 말을 하는 사람들을 본 적이 누구나 조금씩은 있다. 그러면 왜 그들은 생각만 하고 만들어 내지는 못했을까? 세상 대부분의 사람들은 많은 아이디어를 갖고 있다. 하지만 갖고 있는 생각을 행동으로 옮기는 사람은 10%가 되지 않는다. 왜냐하면 실패를 두려워 하기 때문이다. 좋은 계획을 만들어 내고 행동하지 않으면 좋은 계획을 만들어 낼 때 투자했던 시간과 열정은 모두 허사가 되는 것이다. 좋은 계획을 만들어 냈다면 실패를 두려워 하지 말고 실패가 성공의 어머니란 사실을 염두에 두고 자신있게 행동해야 한다. 실패가 교훈을 낳기 때문에 실패를 몇 번 하다보면 여기서 비즈니스 노하우라는 책에도 없는 비결이라는 것이 생기는 것이다. 재무설계사 비즈니스에서도 마찬가지로 대부분 활동력이 떨어지는 사람들이 실패하기는 매한가지인 것이다.

　넷째, 성공하는 사람들의 마지막 공통점은 점검과 분석하는 버릇을 갖고 있었다. 그래서 계획 대비 실행의 결과에 대해 분석하여 항상 중간 점검을 하고 제대로 된 계획하에서 비즈니스가 좋은 결과를 나타낼 수 있도록 만들 수 있었다는 것이다. 아무리 좋은 계획도 중간 점검 및 분석을 통하여 실행이 올바른 항로로 진행되고 있는지를 확인하지 않는다면 원하는 결과를 만들어 내기 어렵기 때문이다.

목·차

Chapter 01 | 21세기 최고의 직업 재무설계사

| 재무설계사의 직업 전망 *12*
| 재무설계사 직업 철학 *16*
| 재무설계사 개발 프로그램 *24*
| 재무설계사 커리어 개발 프로그램 *33*

Chapter 02 | 성공의 열쇠 _마케팅

| 금융상품 유통 비즈니스의 핵심, 마케팅 *44*
| 마케팅의 방법 *46*
| 40년 MDRT의 비법 – 소개 마케팅 *47*
| 최신식 재무설계사들의 항로 – 매력 마케팅 *68*
| 소개 프로스펙팅의 3단계 *76*
| 비즈니스 성공을 위한 약속 프로젝트 구상 *78*

Chapter 03 | 고객을 잡아라 _재무컨설팅

| 고객개발 프로세스의 이해 *82*
| 과학에 웃다 – 재무분석 기법 *95*
| 연기자가 되라 – 재무 처방전 발행(영화같은 프레젠테이션) *102*
| 신뢰는 지속적 관리에서 나온다 – 재무플랜 검토 기법 *106*

Chapter 04 | 매력의 스타일리스트 _커뮤니케이션

| 한마디로 고객의 마음을 사로 잡는다 - 잠재고객 인터뷰 기법 *112*
| 연기자같은 프레젠테이션을 위한 커뮤니케이션 계획 *122*
| 유명 강사같은 대화능력 향상을 위한 언어선택 기법 *126*
| 대화력이 좋은 재무설계사는 질문과 듣기에 능하다 *137*
| 전문가로서의 이미지 프로젝팅 *148*
| 매력적인 자기소개 비법 *152*

Chapter 05 | 전쟁에서 이겨라 _금융 비즈니스는 재미있는 게임이다

| 게임의 규칙 *166*
| 승리하는 비즈니스 전략 *168*
| 성공하는 비즈니스맨들의 공통점 - 자긍심 *172*
| 잠재고객/고객과 신뢰형성의 핵심 대화법 *176*
| 일관성있는 비즈니스 생산성 *177*
| 최고의 신규 고객은 여러분의 현 고객으로부터 발생된다 *178*
| 아무도 모르는 소개받는 비법 *180*
| 성공하는 비즈니스 습관 만들기 *182*
| 비즈니스 항로 점검 비법 *184*

| 부록 | 개인투자자 프로파일 - 투자성향 진단서 *193*

국제 금융계 매력의 스타일리스트 차재혁 CFP의 **금융 비즈니스 성공 바이블**

Chapter 01

21세기 최고의 직업 재무설계사

01 재무설계사의 직업 전망

02 재무설계사 직업 철학

03 재무설계사 개발 프로그램

04 재무설계사 커리어 개발 프로그램

재무설계사의 직업 전망

인간으로 태어나서 죽을 때까지 인간은 행복하게 살기를 원한다. 행복을 갖기 위해선 몇 가지 필요한 것들이 있는데, 개인마다 가치관에 따라 차이는 있지만 가장 중요한 것은 건강과 돈일 것이다. 이 두 가지 행복의 요건 중 본서에서 필자는 돈에 관련된 이야기를 주로 하고자 한다.

'돈은 많아도 문제, 부족해도 문제'라고들 한다. 돈을 어떻게 버는 것도 중요하지만 어떻게 사용하느냐에 따라 사회적 공헌이 다르고 가족의 행복이 달라지기 때문이다. 기존까지는 이 돈에 대해 개인적 경험과 지식 그리고 각 금융회사들 및 부동산회사들의 마케팅 전략에 따라 돈을 운용해 왔다. 돈을 벌고 운용하고 관리하는 방식이 개인마다 다 다르기 때문에 성공한 자산가보다는 빈민이 많은 것이 지금까지의 역사와 현실이다.

이젠 돈도 한 건축물을 건설하기 위해 설계하고 건물을 올리듯이 인생의 전반적 흐름 위에 미래를 예측하고 현실감이 충분히 반영된 재무설계 위에 운용되고 사용되어져야 하는 시대다. 이러한 일들은 재무설계라는 재무설계사의 정교한 금융컨설팅 시스템과 경험, 지식을 바탕으로 해야한다. 재무설계사는 한 개인의 재무를 설계하고 지속적인 보완을 통해 한 개인의 돈 문제를 해결해 나가는 주춧돌 같은 역할을 하게된다.

여기에서 재무설계사란 직업을 정의해 본다면 "개인의 중요한 돈과 관련된 재무에 대해 적합한 계획을 통해 다양한 개인들의 재무적 이슈를 다루는 것을 전문적 지식과 경험 그리고 금융 윤리의식 하에 행하는 금융전문가"를 뜻한다. 이들은 개인의 현금흐름관리, 교육자금계획, 은퇴계획, 투자계획, 위험관리 및 보험계획, 자산계획 및 비즈니스 승계계획, 세무계획 등의 다양한 재무적 일을 그들의 고객들로부터 의뢰받아 일하는 전문인들이다. 이러한 금융전문가, 재무설계사들이 사회적으로 인정받고 일하고 있는 북미의 경우 재무설계사들의 자격요건을 엄격하게 다루어 변호사, 회계사, 의사들과 같이 사회적 인식을 받는 전문인 계층으로서의 사회적 지위를 누리고 있다.

따라서 2007년 Job Rated Almanac에서 조사한 바와 같이 미국인들이 가장 선호하는 직업 중 재무설계사란 직업이 3위에 랭크되어 있다. 변호사, 의사 그리고 회계사의 경우 어려운 교육과정을 통해 엄격한 자격시험에 합격해야 전문인으로써 일할 기초적 지위를 얻는다. 마찬가지로 재무설계사로 인정받기 위해서 미국 CFP Board에서 시행하는 엄격한 교육 코스와 자격시험에 합격해야만 한다. 자격시험에 합격함으로써 전문인이 갖춰야 할 표준업무 수행 능력을 검증받게 되는 것이다.

한국의 경우에도 2001년부터 미국 CFP Board로부터 업무를 위임받아 한국 FPSB에서 자격시험을 관할하여 현재 2천 3백명 정도의 CFP(Certified Financial Planner)들이 현업을 하고 있다. 하지만 시장에서 직접 고객을 만나는 CFP 본연의 업무를 하고 있는 전문인은 1,000명 안팎으로 알려져 있다.

2007년 미국의 Wall Street Journal 지에서 CFP(국제공인재무설계사)를 2015년 사회적으로 가장 인정받는 직업인이 될 것으로 예측한 바 있고, 현재 미국과 캐나다의 CFP 인지도 측면을 고려해 볼 때 향후 한국의 CFP들의 대활동은 예견되어 지고 있는 것이다.

세계에서 2007년 가장 유망한 직업

Number	Profession
1	Biologist (생물학자)
2	Actuary (계리사)
3	Financial Planner (재무설계사)
4	Computer-System Analyst (컴퓨터 시스템 분석가)
5	Accountant (회계사)

※ Reference : Jobs Rated Almanac fifth edition

필자는 이미 2002년에 캐나다 토론토에서 새로운 희망을 보았다. 이전에는 TV에서 경제관련 전망이나 토론을 할 때 경제학 박사나 대학교수, 기업체 경제연구소 연구원 또는 증권사 애널리스트, 이코노미스트 등이 출연하여 국민들에게 뉴스를 전달하였었는데, 2002년 어느 시점부터 금융 각 업계에 근무하는 국제공인재무설계사(CFP)들이 미디어를 장악하기 시작한 것이다.

사회로부터 전문성을 인정받고 인지도가 높아졌다는 생각이 들었다. 2004년부터는 캐나다 국세청에서 전 납세자에게 보내는 정부 문서에 자녀 교육자금 관련 내용이 포함되어 있었는데, 이 문서에 역시 CFP와 상담하라는 내용이 포함되어 있었다. 북미의 금융역사를 미루어 보아 한국의 금융사에도 이러한 일들이 발생할 개연성은 상당히 크다고 생각한다.

재무설계사 직업 철학

인간이 태어나서 사망 시까지 추구하는 것은 무엇일까? 아마도 행복일 것이다.

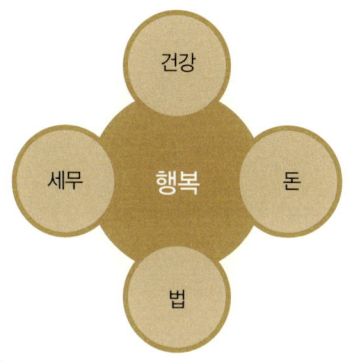

　행복하기 위해 인간은 가족도 꾸리고 자녀들의 교육에 관심을 갖고 돈을 많이 벌려 노력하며 재산 축적을 위해 행동한다. 여기에서 우리는 행복을 위한 4가지 요건에 대해 생각해 볼 필요가 있다.

　행복하기 위해선 일단 건강해야 할 것이다. 건강을 지키지 못한다면 다른 것들은 아무 의미가 없어지기 때문이다. 건강 다음에 중요한 요소는 돈일 것이다. 돈이 행복의 전체를 차지하진 않지만 인간이 죽을 때까지 없어선 안 될 요소이기 때문이다. 돈을 버는 것도 중요하지만 돈을 잘 축적하고 보존하여 잘 사용하는 것이 더 중요하다.

　또한 중요한 것은 수많은 다양한 인간들을 합리적이고 공평하게 유지할 수 있는 사회적 시스템의 기반 즉 법일 것이다. 법이 없다면 인간의 행복을 담보할 수 없다. 그래서 선진화된 사회일수록 법률 체계가 상당히 잘 짜여져 있다. 마지막으로 중요한 것은 사회복지 시스템의 기반인 세금제도이다. 세금제도는 사회적 구성원들의 부를 재분배하는 사회복지 국가의 아주 중요한 시스템이기 때문에 잘못된 세금제도는 국민들의 어려움을 만들어 내고 국가경제를 어렵게 만들기 때문이다.

요약해 본다면 인간의 행복을 위한 기본적 4가지 요소는 건강, 돈, 법 그리고 세무라고 볼 수 있다. 이러한 행복을 위한 4가지 요소를 다루는 사람들이 속한 직군은 사회적으로 신뢰받고 인정받는 전문직으로 통한다. 건강을 다루는 전문직은 의사다. 그리고 법을 다루는 전문직은 판사, 검사, 변호사라 할 것이다. 또한 세무를 다루는 전문직은 회계사라 한다면 아직까지 한국 사회에 사회적 인식이 확산되어 있진 않지만 선진국을 본다면 돈을 다루는 전문직은 재무설계사라 할 것이다.

여기서 전문직의 특징을 요약해 본다면 이들은 인간의 생명과 관련된 일을 다룬다. 의사라면 인간의 생명을 다루고 변호사라면 인간의 법률적, 사회적 부분에 있어서 생명을 다루고 회계사는 기업과 개인의 회계 및 세무적 관점에서 생명을 다룬다면 재무설계사는 돈적인 측면에서 인간의 생명을 다루는 공통점을 지니고 있다.

또한 이들은 어려운 교육 프로그램을 통과해야 하고 전문자격시험에 통과해야 하며 엄격한 직업적 윤리의식을 교육받고 시행한다는 공통점 또한 갖고 있다. 이미 사회적 인지를 받고 있는 의사, 변호사 그리고 회계사 직군은 더 이상 설명할 의미가 없기에 여기서는 향후 사회적 인지를 받게 될 재무설계사에 대한 이야기를 지금부터 풀어가려 한다.

일반적으로 재무설계사들의 최초 커리어 시작 시점은 은행의 Private Banker이든 펀드회사의 펀드판매인이든 일반 보험회사나 GA의 보험판매인이든 금융상품 상담인이다. 상담인을 하면서 배워야 할 수많은 경험과 자질이 필요하기 때문이다. 필요한 경험과 능력은 고객발굴 능력, 고객관계 형성, 구매욕을 느끼게 하는 프로세스, 대화기술, 마케팅 능력과 컨셉, 금융상품 지식 등이다. 이러한 기본적 능력을 배양하지 않고서는 재무설계사로서 사회적 입지를 다질 수 없다. 아무리 많은 지식을 갖고 있더라도 고객을 발굴하고 고객의 삶을 공유하고 재무적 목적을 만들어내는 능력이 없이는 아무 것도 할 수 없기 때문이다.

재무설계사들은 일반적으로 재무설계 프로세스를 통해 고객들의 니즈를 확인하고 이를 실행시켜 재무적 목적을 달성시키는 일을 한다. 여기서 우리는 재무설계 프로세스의 의미가 무엇인지 확인해 볼 필요가 있다. 필자는 재무설계 프로세스는 의사들의 환자와 관련된 의학 프로세스와 같다고 믿고 있다. 따라서 의학 컨설팅 프로세스와 재무설계 프로세스의 비교를 해 보고자 한다.

의학 컨설팅 프로세스

환자의 증상 듣기
↓
진단절차 – 환자의 정확한 문제점 찾기
↓
의학적 분석
↓
진단결과 통보 – 처방전 또는 수술
↓
처방전 – 약국
↓
수술 – 전문의

재무설계 프로세스

생애설계 하에 고객과 최초 면담
↓
즉각적 재무니즈 파악 및 재무진단 안내
↓
재무진단 – 팩트파인딩 절차
↓
과학적 재무 분석
↓
재무적 문제점 및 니즈에 대한 해결책 제시
↓
자산구조 변경 및 설정 – 세무, 법률 및 투자컨설팅
↓
처방전 – 상품포트폴리오 설정 및 상품 판매

 상기의 의학 컨설팅 프로세스와 재무설계 프로세스를 비교를 해 본 독자는 아마도 상당히 비슷하다는 느낌을 받았을 것이다.
 의사는 환자가 찾아왔을 때 어떻게 하는가?
 "어디 아프셔서 오셨어요?"라고 묻는다. 그러면 환자는 "어디 어디가 어떻게 아프다."라고 현재 본인의 건강 상태에 대한 증상을 말한다. 의사는 환자의 말에 근거하여 진단절차를 거치고 진단절차에서 나온 수집물(소변, 혈액, 사진촬영 등)을 분석하여 환자에게 정확한 원인과 증상에 대해 처방을 하거나 심각한 상태라면 수술을 권유하기도 한다.

재무설계 프로세스도 마찬가지의 방식이다. 따라서 재무설계 프로세스 방식을 따르면 기존 소매금융방식보다 다음과 같은 훨씬 좋은 결과를 고객들은 맛볼 수 있게 된다.

의학산업의 경우 긴 시간을 두고 역사적으로 발전하여 오늘날에 이르고 있다. 하지만 재무컨설팅의 경우엔 상품판매 위주의 산업발전으로 인해 몇몇 선진국을 제외하곤 아직까지 의학컨설팅만큼의 수준에 와 있지 못한 것이 사실이다.

하지만 아직 국민들의 돈을 제대로 증식시키고 보존해 주는 재무컨설팅 수준이 산업적으로 발전하지 않았다는 것이 재무설계사를 꿈꾸는 사람들에게 기회라고 필자는 생각한다. 상기와 같은 방식의 재무설계 프로세스는 한국 재무설계사들의 철학을 만들어줄 토대라 믿는다.

2009년 자본시장법이 한국에서 시작되었다. 자본시장법은 금융산업에 대변혁을 가져올 것이다. 특히 금융산업에 금융유통업이 도입되었다고 해도 과언은 아닐 것이다. 소비재 산업처럼 공장, 도매, 소매의 개념이 도입될 것이다. 따라서 금융회사들은 상품개발, 마케팅, 교육 등의 상품공장으로써의 역할을 맡게 될 것이며 도매업으로 보자면 보험산업 쪽엔 현재 등장하고 있는 GA(General Agency), 펀드산업(간접투자)과 증권산업(직접 투자) 쪽엔 Dealer(딜러)의 개념이 도입되지 않을까 조심스럽게 예측되어 진다. 소매업 쪽으로 보자면 개인금융사업자들의 등장이 확연해 진다.

따라서 선진국의 발전사례로 미루어 보아 1인 전속사 제도보단 GA와 딜러 쪽과 거래하는 전문자격제도의 실시로 다양한 상품 포트폴리오를 고객들에게 제공하는 고객 위주의 산업으로 발전될 가능성이 높다. 또한 현재 교차판매제도는 이루어지고 있으나 이보단 좀 더 발전된 개념의 금융유통모델이 나올 것으로 믿는다.

그리고 현재 금융회사의 브랜드가 중요하기 보다는 의사, 변호사, 회계사 산업처럼 독립개인 금융사업가들의 개인 이름과 명성이 중요한 시대가 올 것으로 예측된다. 따라서 변호사, 회계사와 같은 고급인력들의 재무설계사 산업 진입이 예견되어 소비자 신뢰를 급상승시킬 수 있는 재무설계 시대의 도래를 예측할 수 있다. 바로 이것이 재무설계사의 직업비전이라 볼 수 있을 것이다.

재무설계사 개발 프로그램

한 명의 좋은 의사, 변호사, 회계사가 만들어지는데 얼마나 걸릴까? 아마도 적은 시간은 아닐 것이다. 왜냐하면 이들 전문 직군은 전문지식, 전문경험, 직업적 철학이 필요하기에 대학, 대학원 및 여러 전문과정을 통하여 박사 또는 전문자격을 획득

할 때까지 수많은 지식을 쌓는데 노력해야 하며 실전 능력을 배양하는 데 엄청난 노력과 열정 그리고 시간을 투자하여야 하기 때문이다. 적어도 10년 이상은 족히 걸린다.

그렇다면 재무설계사란 직업 역시 사회적으로 전문직으로 인식되려면 한 명의 좋은 재무설계사가 탄생할 때까지 거의 비슷한 시간이 걸려야 할 것이다. 필자의 경험으론 족히 10년 이상의 시간이 소요된다. 한마디로 재무설계사란 한번 탄생하면 변호사, 회계사, 의사와 마찬가지로 평생 직업이란 의미를 갖고 있다는 것이다. 따라서 한국 사회에 아직 재무설계사 개발 제도가 없는 만큼 선진국의 재무설계사 개발 프로그램을 본 도서를 통해 소개하고자 한다.

좋은 재무설계사가 되려면 경험, 전문적 지식, 직업철학, 전문자격 등의 요건이 충족되어야 한다. 상기에 언급한 요건 중 하나도 빠지면 안 된다. 첫 번째 충족되어야 할 요건은 의사, 변호사 개발 프로그램과 달리 지식이 아니라 경험이다. 전문적 지식은 그 다음에 충족되어져야만 하고 이 과정 속에 직업철학이 생기게 되며 전문자격을 획득하는 과정을 거쳐야 한다. 경험은 어디서 어떻게 얻은 경험을 이야기 하는 것인가?

일단 고객을 상대할 수 있는 금융직종이 될 것이다. 고객을 알지 못하면 아무리 많은 전문지식이 있다고 하더라도 사용할 수 없기 때문이다. 따라서 은행이나 증권회사 및 보험회사에서 고객의 재무와 관련된 일을 직접 할 수 있는 직종을 찾아야 한다. 하지만 여기서 고객 상대를 할 때 본인이 직접 고객 개발을 해야 하는 직종 즉 외부(Outbounding) 영업을 해야 할 보험회사 쪽과 회사의 브랜드가 고객을 불러들이는 내부(Inbounding) 영업을 할 것인가는 본인이 선택해야 한다. 이는 본인의 성향과 적성에 따라 성공 여부가 갈린다.

좋은 재무설계사가 되려면 필자는 고객을 직접 개발할 수 있는 보험회사나 증권회사 쪽을 선택하라고 권유하고 싶다. 고객을 직접 개발한다는 것은 아주 어려운 일이다. 하지만 방식과 시스템을 잘 배워서 본인의 능력을 극대화할 수 있다면 독립금융사업가 시대가 열렸을 때 고객개발 능력이 많은 사람이 성공할 가능성이 크기 때문이다. 따라서 필자는 선진국의 금융산업의 발전사에 비추어 회사의 브랜드를 이용해 영업을 하기 보다는 본인의 브랜드를 이용해 고객을 직접 개발하고 관리하는 쪽에 집중하여 도서 내용을 구성하려고 한다.

한국에서는 상품판매인을 모집인이라 표현하는 법률적 형태가 있지만 필자는 금융상품을 판매하는 사람은 모집인이 되어선 안 된다고 생각하기에 상담인이란 표현을 사용하도록 할 것이다. 따라서 재무설계사가 되기 이전 금융상품 상담인으로서의 성공을 먼저 담보하라고 말하고 싶다. 여기서 금융상품 상담인과 재무설계사의 차이점을 언급해 본다면 금융상품 상담인은 상품에 집중되어 있는 상담인을 이야기 하며, 재무설계사는 고객의 재무적 문제점과 니즈에 집중하여 컨설팅할 수 있는 전문인을 뜻한다.

처음부터 재무설계사가 될 순 없다. 의대에 입학해서 의사 자격시험에 합격하기까지 의사가 될 수 없는 것과 같은 것이다. 처음엔 금융상품 상담인으로써 능력을 개발할 때까지 재무설계사 개발 프로그램에 따라서 본인의 능력을 만들어야만 하는 것이다.

여기서 연차순에 따른 금융전문인의 단계를 살펴본다면 1년차부터 5년차까진 신입상담인 단계, 6년차부터 10년차까진 경력상담인 단계, 11년차 이후를 전문상담인 단계로 구분해 볼 수 있다. 따라서 경력으로만 보자면 11년차 이후가 전문가라

부를 수 있는 상태로 파악해야 한다는 것이다. 물론 이러한 단계를 거치면서 전문지식과 전문자격을 획득해야 하는 것은 기본이다.

 금융 소매업중 재무 설계사의 비즈니스 구조는 다음과 같이 3단 구조에 의해 이루어진다.

 신입 상담인 단계의 초기과정에서 모든 금융상품 상담인들은 3단 비즈니스 구조를 이해하고 시스템을 만드는 작업을 약 5년간 지속해야 한다. 이 과정 속에서 다음과 같은 연차별 비즈니스 시스템을 이해해야 한다. 고객 획득은 전문용어로 Prospecting 과정이라 하며 고객개발은 Planning Process라 하고, 고객보유는 Client Management라 칭한다.

이 3단 구조를 만들 때 당해인의 비즈니스 연차수 및 고객 보유수에 따라 차등된 노력을 해야 비즈니스 효율성을 높일 수 있기 때문에 소개한다.

구 분	1~2년차	3~5년차	6년차 이상
고객 획득	70%	60%	30%
고객 개발	25%	25%	40%
고객 보유	5%	15%	30%

대부분의 금융상품 상담인들은 고객획득 절차에서 실패하기 때문에 업계를 떠난다. 또한 고객개발 즉 프로세스를 익히고 컨셉 및 고급지식 얻기에 급급하기에 무엇이 중요한지 우선순위를 파악하지 못하고 잘못된 곳에 열정을 집중시켜서 결국은 실패하는 것이다.

고객획득 절차를 잘 하기 위해선 고객획득 절차 프로세스 상의 모든 마케팅과 결과에 대해 즐겁고 행복하게 여러분의 열정과 희망을 집중할 수 있어야 한다. 희망과 열정이 여러분의 마음을 기쁘고 행복하게 하기 때문에 자산축적을 한다는 마음으로 새로운 잠재고객의 시장을 만드는 것에 몰입해야 하는 것이다. 여러분이 이러한 마인드를 갖지 못한다면 고객획득 프로세스를 두려워하고 힘들어 할 것이다. 이러한 희망 없는 어려운 과정이 여러분의 정신적 상태를 약화시키고 열정을 식게 함으로 인해 비즈니스라는 여러분의 비행기는 추락하게 되는 것이다.

따라서 초년기엔 고객획득 기술을 최우선 순위에 올려놓고 비즈니스를 형성하는 데 집중해야 하는 것이다.

필자는 3단 구조 비즈니스 시스템을 다음과 같이 인지한다.

고객획득에 성공하기 위해선 마케팅 전략을 만들어야 한다. 이 전략에 따른 활동량 관리가 관건이다. 고객개발은 고객의 구매욕을 높이는 과정이다. 물론 금융이기에 고객의 이익에 반하면 안된다. 이 과정은 오랜 시간이 걸리는 과정이기에 완벽하려고 노력하기 보다는 단계별 발전을 생각하고 노력해야만 하는 것이다.

즉, 이 과정은 지식을 효과적으로 전달하기 위해 대화력 증진에 노력해야 하는 과정이다. 마지막으로 고객보유는 관리시스템이 관건이다. 하지만 고객관리시스템은 한번 익숙해지면 사용할 수 있는 Tool이 많이 개발되어 있기 때문에 소외시키지 않고 지속적으로 운용할 수 있다면 별 문제는 없다.

여기서 필자는 경력 연차별로 재무설계사 개발 프로그램을 소개하고자 한다.

1~2년차
- 고객획득 집중
- 고객획득 전략 마련
- 본인의 마켓에 맞는 상품지식 습득
- 본인의 활동량 관리
- 성공 비즈니스 습관 구비 시기

3~5년차
- 고객개발 관련 전문지식 구비 시기
- 다양한 교육 및 세미나 참석
- 지식적 능력 배양시기
- 생산성, 시간관리, 효율성 증대시기

6년차 이상
- 전략가 시기
- 자동 고객 획득 시스템 구비 시기
- 비즈니스 모델 완성 시기

상기와 같이 연차별로 정확한 단계를 밟아가기 위해선 훌륭한 교육 시스템이 필요하다. 따라서 다음과 같은 교육 프로그램을 이수하기 바란다.

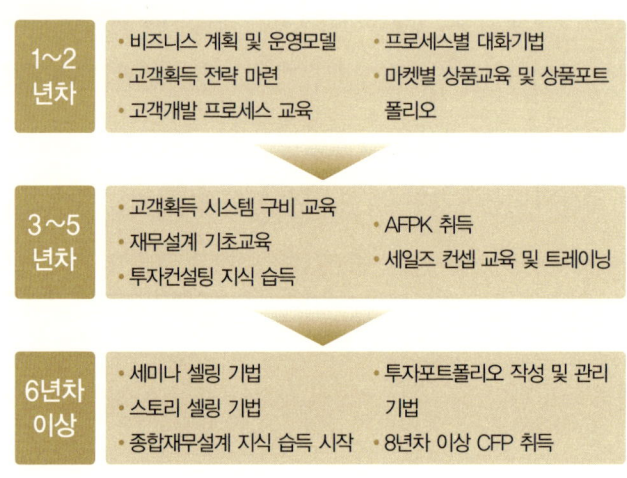

다만 주의해야 할 점은 단지 비즈니스 경력으로만 연차가 지났다고 해서 교육시스템을 증진시켜서는 안된다. 연차별 본인의 능력이 정확히 증가되고 고객수가 증가되어지고 있는지 확인하면서 교육 프로그램을 전개해야 한다. 고객없는 전문 자격은 아무 의미가 없음을 기억하기 바란다.

재무설계사 커리어 개발 프로그램

　재무설계사가 되기 위해 금융상품 상담인으로써 커리어를 시작했을 경우에도 커리어 개발 프로그램이 있다. 적합한 커리어를 선택하기 위해선 여러분이 어떠한 커리어를 갈 수 있는지 알고 시작하는 것이 좋다.

　커리어를 선택하기 전에 먼저 사전 확인해야 할 부분에 대해 언급하고자 한다. 어떠한 직업도 성공하기 위해선 본인이 어떠한 성향을 갖고 있는지, 어떠한 직업적 비전을 갖고 싶은지, 어떠한 일을 했을 때 성취욕과 보람을 느끼는지, 그 직업에 대한 사전 지식과 준비는 어느 정도인지에 대해 먼저 고려해 보아야만 한다. 본인의 성향과 적성에 맞지 않는 직무를 할 경우 오랫동안 견디기 힘들고 동기부여를 받지 못하기 때문에 성공할 가능성이 적기 때문이다. 여러분이 사랑하고 보람을 느끼는 일을 할 때 성공가능성이 높아지는 것은 당연지사일 것이다.

　따라서 다음과 같은 흐름도(Flow)를 따르기 바란다.

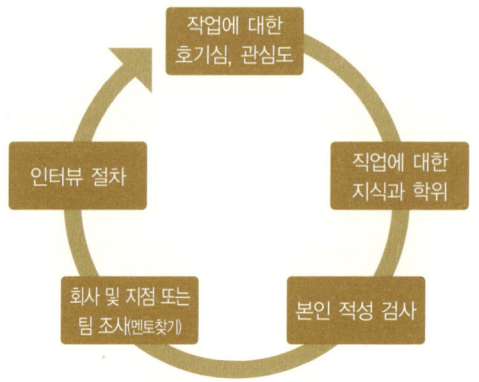

멘토(Mentor)를 찾아라

　금융상품 상담인에서 재무설계사로까지 가는 경로는 매우 힘들고 강한 인내심과 열정이 필요하다. 따라서 정말로 본인이 원하는 비전을 갖고 있지 않다면 조기 탈락할 가능성이 크다.

　금융전문가인 재무설계사로 가기 위해서 먼저 알아야 할 것은 본인의 성향과 직업과의 일치감이지만 이를 알기 전에 먼저 해당산업의 회사들을 조사하고 지점이나 팀을 찾는 것이 필요하다. 왜냐하면 사실 재무설계사로서의 성공은 회사가 가져다주는 것이 아니라 지점이나 팀의 리더들이 지닌 문화와 시스템이 관건이기 때문이다.

따라서 회사의 브랜드를 믿기 보다는 좋은 멘토 즉, 리더를 찾는 것이 산업 진입으로의 중요한 첫 단추라 볼 수 있기 때문이다. 좋은 멘토는 금융상품 상담인 신인들에게 많은 정신적, 경험적, 교육적 시스템을 가져다 주고 최종 커리어 종착지까지 잘 안내할 것이기 때문이다.

멘토를 찾을 때 고려해야 할 점들을 다음과 같이 안내한다. 멘토의 성향, 경험, 전문적 지식, 전문자격, 성공경험으로 나누어 볼 수 있다.

첫째, 멘토의 성향은 여러 차례의 대화 및 행동거지를 통해 알 수 있다. 물론 멘토를 아는 사람들로부터의 평판 조사도 중요하다. 멘토를 아는 타인들의 객관적 견해는 후보자가 모르는 부분을 알게 하여 고려할 수 있는 중요한 요소가 된다. 가장 핵심적 요소는 멘토의 성향이 후보자 본인과 맞느냐의 문제이다. 서로 너무 다르고 비즈니스 방향이 다르다면 이는 결국 성공적인 비즈니스 개발에 장애물로 크게 다가올 것이기 때문이다.

둘째, 멘토의 경험이다. 멘토의 다양한 경험은 후보자에게 각기 다른 상황에서의 좋은 간접경험을 줄 것이기 때문이다. 경험은 지식보다 현실적으로 더 많은 상승작용을 한다.

셋째, 멘토의 전문적 지식이다. 금융은 상당히 고차원적이며 과학적이다. 따라서 멘토의 전문지식 부족은 고객들의 다양한 니즈와 현실적 문제해결에 많은 걸림돌이 될 것이기 때문이다. 전문지식이 많은 멘토는 후보자에게 좋은 교육과 훈련을 시킬 가능성이 크다.

넷째, 멘토의 전문자격 소유 여부이다. 왜냐하면 성공 경험과 업계 경력이 충분한 경우엔 전문자격을 취득하는 과정 그리고 전문자격 획득 이후의 마켓 경험으로 인해 후보자에게 큰 커리어 그림을 전달할 것이 분명하기 때문이다. 우리 업계에서의 전문자격은 MDRT(백만불 원탁회의로 글로벌 프로 라이프 플래너들만이 참가할 수 있다)를 뜻하는 것이 아니다. CFP(국제공인재무설계사), AFPK(국가공인재무설계사), CFA(국제공인재무분석사), KICPA(공인회계사) 등을 뜻하는 것이다.

다섯째, 업계에서의 성공 경험이다. 이는 보험판매 쪽이라면 MDRT를 기준삼아 볼 수 있다. 비즈니스 성공경험은 후보자를 성공시킬 가능성이 크기 때문이다. 성공한 사람만이 성공한 사람들을 만들 수 있다는 논리에서다. 돈도 벌어본 사람이 벌 수 있듯이 마찬가지 논리인 것이다. MDRT 외에 각 회사에서 시행하고 있는 항목별 분기 시상자, 연도대상 시상자 등으로 성공 경험을 미루어 짐작해 볼 수 있다. 이들은 공히 각 회사에서 15% 안에 드는 사람들이다.

필자는 지금까지 멘토의 중요성에 대해 이야기 해 왔다. 그렇다면 "금융상품 상담인/재무설계사는 매니저/리더가 왜 필요한가?" 우리는 상호간의 긴밀한 비즈니스 연관관계를 유지할 수 밖에 없는 필연적 비즈니스 구조에 대해 이해해야 한다. 이 구조를 정확히 이해할 때 비즈니스의 생산성이 증가될 수 있다.

우리 산업에서 금융상품 상담인/재무설계사는 처음 커리어를 만들기 시작할 때 매니저/리더에 의해 상당히 많은 영향력을 받으며 커리어 성장을 하기 시작한다. 하지만 시간이 지나면서 이들의 영향력은 줄어들게 된다. 왜냐하면 여러분들의 능력개발이 점진적으로 완성화되고 있기 때문이다.

이제 여러분은 여러분의 현 상태가 어느 정도 위치에 와 있는지를 검증하는 단계를 거치게 될 것이다.

다음 그림을 확인해 보기 바란다.

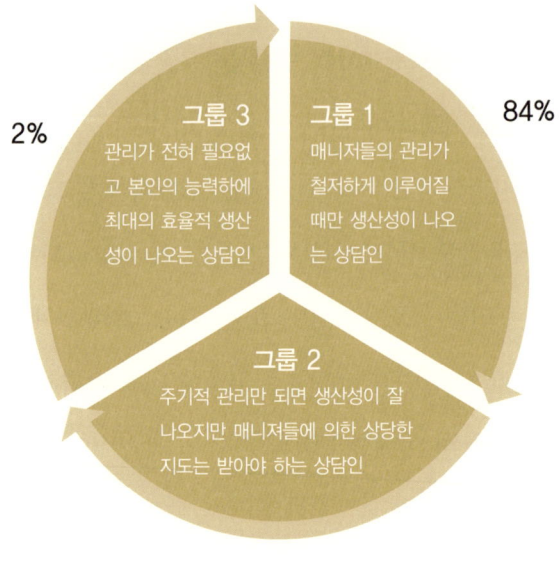

상기 통계에서 보듯이 우리 산업에서 매니저/리더의 지도와 관리없이 생산성이 나올 수 있는 상담인은 2% 밖에 되지 않는다. 대다수의 상담인 즉 84%는 매니저들의 관리가 철저하게 이루어질 때만 생산성이 나오는 상담인으로 되어 있다. 대다수 금융상품 상담인들의 비즈니스 수행능력에 관련된 목표는 그룹 2, 즉 매니저의 지도를 받아야 하긴 하지만 주기적 기간을 설정해 놓고 본인의 계획하에 생산성을 나오게 할 수 있는 상담인으로 개발되어지는 것이다. 전 산업을 통 털어 그룹 2에 포함됨으로써 16% 안에 포함되는 것이다. 이제 그룹 2에 포함되기 위해서 여러분들은 좋은 멘토의 중요성에 대해 인지할 수 있을 것이다.

금융상품 상담인의 커리어 패스는 다음과 같이 도표화할 수 있다.

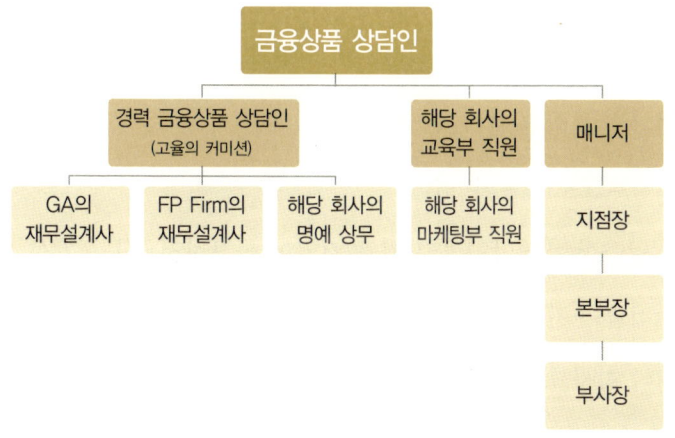

금융상품 상담인으로 커리어를 시작하여 경험과 지식을 쌓으며 비즈니스를 만들다가 갈 수 있는 커리어 패스는 3가지로

나누어 볼 수 있다. 경력이 쌓이고 고객이 많아지면 업적에 따라 커리어 신분 상승 제도를 따라서 일반 상담사보다 많은 커미션 및 품위 유지와 관련된 다양한 비용을 보전 받을 수 있는 방법이 그 하나다.

만약에 금융상품 상담인을 하다가 일정한 업적을 충족하고 나서 해당인이 조직원 증원 및 트레이닝에 더 많은 능력을 갖고 있다고 본인 및 조직 상위자가 인정할 경우에는 조직관리 쪽으로 방향을 잡고 커리어 패스를 따라 갈 수 있다. 세번째 커리어 패스는 금융상품 상담인의 경험과 성공 경험이 많은데 본사나 본부의 일반직으로 일하고 싶다면 커리어를 정규직 또는 계약직으로 바꿀 수 있다.

금융상품 상담인들의 최종 커리어 목적지인 재무설계사 커리어를 걷기에 좋은 방법은 GA로 이직 또는 FP FIRM에 입사하거나 회사를 설립할 수 있다.

GA 및 FP FIRM에 대한 오해와 진실

GA는 FP FIRM하고는 같은 것이 아니다. 따라서 GA의 구조에 대한 이해와 FP FIRM에 대한 구조를 아는 것이 중요하다.

General Agency (GA)	FP FIRM
도매	소매
다수의 금융상품 상담인을 증원하여 도매 비즈니스를 함	소수의 전문 재무설계사가 전문성을 갖고 고객을 위해 일함
교육, 트레이닝 및 마케팅 프로그램 중요	고객컨설팅 위주의 솔루션 기법 중요
FP FIRM에 비해 입사 쉬움	소수의 전문성을 갖춘 전문인만 입사

아직 한국에서는 두 구조에 대한 이해도가 낮으나 자본시장법이 금융유통법 하에 구체화 되는 시점에 확연히 차이점을 나타내리라 보인다.

여기서 금융유통구조에 대한 이해를 높이기 위해 보험상품 및 간접투자상품 유통 쪽 구조만 살펴보기로 하겠다.

보험회사는 GA 사업권을 갖고 있는 금융도매회사에 그 회사가 갖고 있는 생산성, 볼륨, 유지율, 금융상품 상담인 보유 숫자에 따라 커미션 지급률을 정해 지급한다. 그리고 GA는 GA와 사업제휴권을 갖고 있는 독립금융사업자들에게 그들의 생산성, 유지율에 따라 커미션 지급률을 정해 지급하는 구조다. 따라서 GA의 경우 얼마나 많은 금융상품 상담인을 보유하고 있느냐에 따라 금융상품 제조회사와 독립금융사업자들 사이에서 상당 금액의 사업이득을 볼 수 있게끔 되어있다.

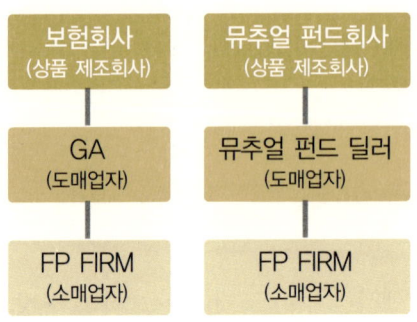

　이러한 시대적 방향에 따라 아마도 향후 금융회사들은 금융 상품 제조 쪽으로 핵심 비즈니스화 시켜나갈 가능성이 크다. 즉, 현재의 세일즈 조직을 직접 관리하는 체제에서 마켓별 니즈별 상품개발의 다양화와 마케팅 전략의 고급화 그리고 교육체제의 과학화 쪽에 집중한다. 그리고 세일즈를 상품판매회사인 GA와 딜러쉽 쪽에 맡기는 형식으로 전환되면서 자금운용의 효율성과 이익 극대화에 매진하게 된다. 또한 세일즈 조직 운영을 위해 사용되던 기업자금을 줄임으로 인해 기업의 재무건전성 유지가 원활하게 이루어질 것으로 조심스럽게 예측해 본다.

국제 금융계 매력의 스타일리스트 차재혁 CFP의 **금융 비즈니스 성공 바이블**

Chapter 02

성공의 열쇠
_ 마케팅

01 금융상품 유통 비즈니스의 핵심, 마케팅

02 마케팅의 방법

03 40년 MDRT의 비법 – 소개 마케팅

04 최신식 재무설계사들의 항로 – 매력 마케팅

05 소개 프로스펙팅의 3단계

06 비즈니스 성공을 위한 약속 프로젝트 구상

금융상품 유통 비즈니스의 핵심, 마케팅

지구상의 모든 비즈니스 성공의 핵심 키는 마케팅에 달렸다고 해도 과언은 아니다. 재무설계사라는 독립금융사업가 비즈니스 역시 성공의 열쇠는 마케팅이다.

마케팅이란 무엇일까? 마케팅은 잠재고객을 인지하고 찾는 데 사용되어지는 모든 방법을 뜻한다. 여기서 우리가 유의해서 기억해야 할 점은 마케팅은 고객에게 서비스제공자로부터 서비스가 제공되기 이전에 오랫동안 발생되는 모든 활동을 뜻하는 것이다.

재무설계사가 성공적인 마케팅을 하기 위해선 재무설계사 본인의 컨설팅 능력에 맞는 잠재고객들을 대상으로 홍보, 프로모션 및 절제된 잠재 고객찾기 활동과 재무설계사 본인의 서비스 범위로 부터 혜택을 받을 수 있는 고객층을 확인하는 확실한 프로세스에 대해 이해가 전제되어야 한다.

재무설계사들의 주수입원이 되는 상품판매 생산성의 증가를 위해선 재무설계사 비즈니스의 3단 구조 중 잠재고객을 만들어 내는 마케팅 시스템과 잠재고객을 고객으로 만들어 내는 세일즈 또는 플래닝 프로세스에 대한 정확한 체득화가 필요하다. 여기서 용어의 정의를 내린다면 잠재고객을 만들어 내는 마케팅 시스템을 우리는 Client Acquisition(고객 획득) System이라 표현하고 잠재고객을 고객으로 만들어 내는 세일즈/플래닝 프로세스를 Client Development(고객 개발) System이라 칭한다.

성공한 재무설계사는 일반적으로 세일즈 및 플래닝 프로세스에 능하지만 실제로 그들은 자신들을 일컬어 대단한 마케터라고 하는 경우를 많이 볼 수 있다. 성공적인 마케팅을 위해선 재무설계사 본인의 지적 능력, 자신감에 맞는 올바른 잠재고객에게 모든 마케팅 활동이 진행되어야만 한다. 만약 재무설계사 본인의 능력과 자신감을 넘어선 잘못된 잠재고객 앞에서 마케팅 활동이 이루어진다면 마케팅 프로세스는 좋은 결과를 만들어 낼 수 없다. 잘못된 잠재고객 앞에서 진행되는 마케팅 활동은 재무설계사 본인에게 많은 혼동을 가져오게 되고 그 혼동으로 인해 생산성 저하가 발생한다. 따라서 마케팅 활동에 대한 전략을 만들기 전에 재무설계사 본인의 능력을 확인하고 마켓 전략을 치밀하게 만들어야 할 것이다.

마케팅의 방법

재무설계사 비즈니스의 마케팅 방법은 두 가지로 나눌 수 있다. 소개 마케팅과 매력 마케팅이다. 마케팅의 방식을 어떻게 선택하고 전략을 만드느냐의 척도는 역시 재무설계사 본인의 전문적 지식과 자신감을 갖출 수 있는 마켓확인에 달렸다. 여기서 필자는 소개 마케팅과 매력 마케팅에 대해 자세히 논하고자 한다. 독자 여러분은 본인의 능력에 맞는 마케팅 전략을 본 저서에서 제대로 획득하길 바란다.

40년 MDRT의 비법 – 소개 마케팅

소개 마케팅의 이해

소개 마케팅은 프로세스 마케팅이라고도 부른다. 프로세스는 차후 다루겠지만 초회면담, 재무진단(팩트파인딩), 문제점 확인 및 솔루션 개발, 프레젠테이션(처방전 발행), 클로징 바로 5단계로 진행되어진다. 여기서 말하는 프로세스의 의미는 예측적 결과를 반복적으로 발생시키는 증빙된 공식과 연계된 일련의 반복된 활동단계를 말한다.

따라서 소개 마케팅 방식은 프로세스 각 단계별로 고객과 해야 할 방식이 다르기 때문에 단계별 고객의 상황에 대한 이해도를 높이고 고객별 만족도를 높일 수 있는 방식이다. 또한 프로세스가 진행될수록 고객과 재무설계사는 신뢰도를 서로 높일 수 있다. 각 잠재 고객별로 프로세스를 반복하는 것에 의하여 재무설계사 본인의 생산성 결과를 측정할 수 있기 때문에 총체적으로 볼 때 월별, 분기별 생산성 결과를 예측할 수 있는 장점이 있다.

소개 마케팅은 베스트 케이스 시나리오(Best Case Scenario)라는 잠재 고객의 특정 프로파일을 만들어 낼 수 있는 순간부터 위력을 발휘한다. 여기서 프로파일의 의미는 잠재고객의 상황을 묘사할 수 있는 일련의 특성을 조합한 것이다.

프로파일의 요소

나이	소득수준
결혼상태	소유자산의 형태
집 소유	소유자산의 금액
직업	사회적 스타일
소득 발생근원	태도

즉 나이, 결혼상태, 가족상황, 집 소유, 직업, 소득의 발생근원, 소득수준, 소유자산의 형태, 소유자산의 금액, 사회적 스타일, 태도 등을 본인의 마켓에 맞게끔 조합한 것을 말하는 것이다. 이 컨셉을 사용하는 재무설계사는 일반적으로 상기 내용 중 5~6개의 특성을 조합하여 이상적 고객 프로파일(Ideal Client

Profile)을 만들어 낸다.

베스트 케이스 시나리오(Best Case Scenario)는 적어도 1년 이상의 일을 한 다음 만들어 낼 수 있는 이상적 고객 프로파일을 이야기하는 것이다. 1년 동안 잠재고객에서 고객이 된 사람들의 마케팅 단계로부터 개발단계에 이르기까지의 단계별 정보를 수집해서 재무설계사 본인의 생각과 느낌에 가장 만족할 만한 성과를 나타내었던 10개의 케이스를 뽑아내어 이 케이스들의 공통점을 분석하는 작업이다. 이 작업에 성공하면 해당 재무설계사는 본인이 어떠한 마켓에서 이상적 고객을 찾아야 만족할 만한 비즈니스 성과를 만들어 낼 수 있는지를 파악하게 된다.

베스트 케이스 시나리오(Best Case Scenario)는 1년에 한 번씩 새롭게 보완되어지는 형태가 되어야 하며 신규 마켓을 개발하는 경우에도 많은 도움을 주게 된다. 또한 이러한 프로파일링의 능숙도와 경험은 재무설계사 본인의 생산성에 있어서 시간이 투자되면 될수록 자동적 생산성 증가를 맛보게 될 것이다. 여러분이 가장 잘 알고 친숙하며 능숙한 시장을 공략하는 것은 아주 즐겁고 유쾌한 경험이 아니겠는가.

마케팅 전략의 초석 – 프로파일

선진국인 미국과 캐나다의 재무설계사들은 마케팅 전략을 만들 때 제일 먼저 하는 것이 잠재고객 시장에 대한 프로파일이다. 고객획득 절차를 수행할 때 올바른 잠재고객 집단에 하는 것과 잘못된 잠재고객 집단에 마케팅 전략을 구가하는 것은 비즈니스 성패의 관건일 정도로 중요하다. 여러분이 활을 쏜다고 생각해 보자. 과녁을 잘못 겨냥하면 아무리 많은 활을 쏘아도 과녁을 맞힐 수 없다. 이러한 간단한 세상의 이치를 프로파일을 왜 해야 하는지에 대해 적용해 보면 프로파일의 중대성에 대해 느낄 수 있을 것이다. 여기서 프로파일을 어떻게 해야 하는지 그 방법에 대해 설명하겠다.

1. 과거 1년동안 본인의 비즈니스 중 고객개발 프로세스가 가장 원활하게 이루어지고 생산성이 높았던 10개의 케이스를 골라라.
여기서 우리는 가장 비즈니스 수입을 많이 올릴 수 있었던 고객의 프로파일을 확인하는 절차를 수행할 것이다.
2. 골라낸 고객의 프로파일을 연구하라.
3. 다음과 같은 영역 범위 내에서 고객의 프로파일을 분석하라.

고객의 특성	판매의 특성
연령 범주	잠재고객의 근원
결혼 상태, 가족 상황	접근 방식
집 소유	고객당 소요된 프로세스 시간
직업, 고용형태	인터뷰 횟수
종교, 취미	컨셉/프리젠테이션, 세일즈/플래닝 프로세스
소득의 근원, 소득 수준	고객별 세일즈 건수
사회적 스타일	판매된 상품 형태
자산의 형태와 금액	발생된 수입
태도, 책임감	미래 추가 수입 가능성
지역적 위치	미래 소개 가능성

4. 고객과 판매의 특성을 검토하라. 그리고 비슷한 점을 찾아라.

5. 본인이 성공적으로 이전 프로파일에 일치하게 비즈니스를 했는지 점검하라. 또한 Best Case Scenario를 작성하고 확인하라. 가능한 한 명확하고 단순하게 작성하는 것이 중요하다.

6. Best Case Scenario를 작성했다면 본인의 새로운 목적은 Best Case Scenario에 맞는 고객을 주당 한 명을 획득하는 것이다. 만약 본인이 Best Case Scenario에 맞는 신규 고객 40명을 만들었다면 본인의 비즈니스는 생산성에 있어 획기적인 증가를 경험하게 될 것이다.

7. 상기와 같은 절차를 반복하는 것에 의하여 매년 재 프로파일을 해야 한다. 이러한 방법이 습관화가 되어진다면 본인은 지속적인 생산성 증가를 경험하게 될 것이다.

> 8. 이러한 방식은 본인이 재무설계사가 될 때까지 위험도가 낮은 상태에서 비즈니스 성장을 맛보게 될 것이고, 지속적인 고소득자가 될 것이다.

    이러한 프로파일 방식의 마케팅 방법은 북미 재무설계사 시장에서 근 100여년 동안 성공을 경험해 왔다. 하지만 새롭게 산업에 진입한 금융상품 상담인의 경우 이러한 마케팅 방식을 접목하는 것에 한계가 있다.
    따라서 신입 금융상품 상담인의 마케팅 방식에 대해 얘기하고자 한다.

신입 금융상품 상담인의 프로파일 접근법

    신입 금융상품 상담인의 경우 과거 비즈니스가 없기 때문에 베스트 케이스 시나리오(Best Case Scenario)를 만들 수 없다. 따라서 프로파일링은 신입 금융상품 상담인에겐 하기 힘든 마케팅 방식이다. 따라서 신입 금융상품 상담인은 상당한 양의 비즈니스를 발생시킬 수 있는 능력을 배양할 때까지 기본 프로파일에 집중하는 것이 중요하다.

기본 프로파일은 내츄럴(Natural) 마켓을 의미하는 것이다. 내츄럴 마켓의 의미는 그냥 본인이 아는 사람들이 아니다. 본인과 편안하게 대화가 되고 공감대를 형성할 수 있는 사람들의 집단을 의미하는 것이다. 여기서 필자는 내츄럴 마켓 공략법에 대해 소개하기로 하겠다.

내츄럴 마켓 공략법은 다음과 같다.

> 1. 내츄럴 마켓 리스트를 작성하라. 그리고 이 리스트 중 금융관련된 토픽이 아니라 일반 토픽에 대해 편안하게 대화할 수 있다고 느껴지는 사람들을 골라내라.
> 2. 그 다음 선택한 사람들 중에서 정기적으로 만나고 있거나 만날 수 있는 사람들을 확인해라.
> 3. 본인과 공감대를 형성하면서 대화할 수 있는 본인 연령대에 있는 사람들을 관찰해라.
>
> 내츄럴 마켓 공략의 핵심은 금융상품 상담사인 본인이 좀 더 복잡하고 어려운 잠재고객 프로파일을 공략할 수 있는 능력을 갖출 수 있을 때까지 빠르게 기본 프로세스와 대화기술 및 상품지식을 습득하며 본인의 내츄럴 마켓에서 신속하게 잠재고객들을 고객화시키는 것이다.

4. 상기에서 언급한 세 부류로 내츄럴 마켓을 구분한 다음 프로파일하는 방식을 점진적으로 적용하는 연습을 하고 6개월 정도 뒤에 임시 프로파일을 작성하라.
5. 현재의 프로파일에 맞는 사람들을 만나고 그들을 고객화시키면서 프로파일 안에 들어 있는 고객들로부터 소개를 받아라.
6. 본인이 활발하게 비즈니스를 창출할 수 있을 때까지 본인의 비즈니스 마케팅 방식 및 프로세스를 매우 단순하고 간단하게 유지하라.
7. 비즈니스가 활발하게 창출이 되는 상태가 지속된다면 이후 본인의 잠재고객 프로파일의 눈높이를 높혀라.

다양한 프로파일을 추구하는 금융상품 상담인/재무설계사

만약 여러분이 좀 더 많은 시간적 자유를 가지면서 상당한 비즈니스 성장을 원한다면 반드시 하나의 잠재고객 프로파일에만 집중해야 한다. 다양한 마켓으로 접근을 시도한다면 이는 비즈니스 실패로 나타나게 될 것이다. 여러분이 두 마리 토끼를 잡으려 할 때 하나를 잡으려 시도하는 것보다 에너지양이 분산될 것이기 때문에 본인의 잠재고객 시장에서의 능력이 심각하게 축소되어 진다는 사실에 주목하길 바란다.

만약 고객 프로파일에 맞지 않는 상황이 많다면?

한국시장에서 금융상품 상담인들이 마케팅 방식으로 이상적 고객 프로파일이란 방식을 사용해 보지 않는 경우가 다반사이기 때문에 상담인이 고객을 선택한다는 방법론이 많이 낯설 것이다.

하지만 다음과 같은 상황을 생각해 보라. 최근 신문을 보니 자녀가 없는 부부의 이혼율이 50%에 달한다고 한다. 왜 결혼하고 나서 이혼을 하는 것일까? 다 각기 사유들이 있겠지만 무슨 사유이든 두 사람이 같이 살면서 행복하지 않기 때문이란 결론은 거의 비슷할 것이다. 서로간의 공감대가 잘 형성되고 부부간의 관계형성이 원만하며 서로 위해 줄 수 있는 배려심과 이해심이 있다면 이혼할 이유가 없기 때문이다.

우리 독립 금융사업가의 사업 역시 두 남녀가 만나 서로 결혼을 하고 관계형성을 잘 할 수 있어야 이혼하지 않는다는 논리와 맞아 떨어진다는 사실을 염두에 두어야 한다. 금융상품 상담인/재무설계사가 고객과 대화가 되지 않고 신뢰하지 않는 관계를 갖고 있다면 이는 서로 간에 피해가 될 것이다. 결국 긴 기간 고객과 금융상품 상담인/재무설계사 관계를 유지할 수 없을 것이기 때문이다.

반대로 서로 간에 대화가 잘 되고 신뢰가 뒷받침되어 상호간에 이득을 주고받을 수 있다면 이는 두 당사자 간에 서로 많은 도움이 될 것이다. 따라서 잠재고객시장을 선정할 때 금융상품 상담인/재무설계사 본인의 성향과 능력에 맞는 프로파일 마케팅 방식을 선택한다는 것이 얼마나 중요한 것인지 알 수 있다.

여기서 필자는 프로파일에 맞지 않는 잠재고객을 어떻게 처리해야 하는지 방법론적인 측면에서 접근해 보도록 하겠다.

프로파일 외의 상황 처리법

1. 프로파일 외에 잠재고객을 자주 만나다 보면 결국 본인 비즈니스를 망치게 될 것이다. 따라서 정해진 시간 안에 금융상품 상담인/재무설계사 본인의 가치를 극대화시킬 수 있는 본인의 잠재고객 프로파일 안에서만 마케팅하길 권유한다.

   본인 생산성에 있어 일관성을 유지하고 싶다면 본인의 지적능력과 자신감을 갖을 수 있는 범위 내에서 본인의 잠재고객 프로파일 안에서만 일을 해야 할 것이다.

2. 프로파일 외의 잠재고객을 꼭 버릴 필요는 없다. 초회면담 후 프로파일

> 외의 잠재고객이라 판단되면 그 잠재고객을 쉽게 상대할 수 있는 파트너를 찾길 바란다. 해당 파트너의 잠재고객 프로파일이 본인 프로파일 외의 잠재고객과 일치한다면 해당 파트너는 그 잠재고객을 잘 상대하고 비즈니스를 만들 수 있다.
>
> 이때 가져야 할 마인드는 커미션 공유라고 할 수 있다. 그냥 프로파일 외의 잠재고객을 사장시키기 보다는 이러한 방식을 선택할 때 추가 비즈니스 소득을 얻을 수 있기 때문이다.

이제 우리는 왜 소개(프로세스) 마케팅의 개념이 상당히 중요한지에 대해 짚어보도록 하겠다. 먼저 우리가 중요성을 인지하기 위해 한번 생각해 봐야 할 질문들이 있다.

> 질문 1   금융상품 상담인들이 좀 더 높은 수준으로 진보하는 것을 막는 요소가 무엇일까?
>
> 질문 2   왜 많은 금융상품 상담인들이 실패할까?
>
> 질문 3   왜 많은 금융상품 상담인들이 이익이 발생하는 비즈니스를 만들지 못하는 것일까?

질문 4 왜 많은 금융상품 상담인들이 제대로 된 비즈니스를 배우지 못하고 옆길로 새는 것일까?

질문 5 어떻게 하면 금융상품 상담인 본인의 비즈니스 수입을 지속적으로 성장시킬 수 있을까?

질문 6 무엇이 본인이 추구하는 성공에 있어 가장 큰 장벽일까?

질문 7 어떻게 본인의 비즈니스 시스템을 단순화시킬 수 있을까?

질문 8 어떻게 하면 금융상품 상담인 본인은 고수익을 올리면서 고도의 시간적 자유(Time Freedom)를 누릴 수 있을까?

이러한 질문들에 대한 답은 여기에 있다. 생산성에 있어 최고의 적인 혼동의 늪에 빠지지 않는 것이라 확언한다.

재무설계사로 성장하는데 있어 최대의 적 - 혼동의 늪

혼동의 늪은 다음과 같다. 여기서 늪의 의미는 여러분의 늪에 빠지면 어떻게 되겠는가? 허우적거리다 결국 죽게 된다. 이를 우리는 흔히 슬럼프라고도 한다. 그만큼 혼동의 늪에 빠지게 되면 비즈니스에서 퇴출당하거나 하게 된다는 점을 명심해야 한다.

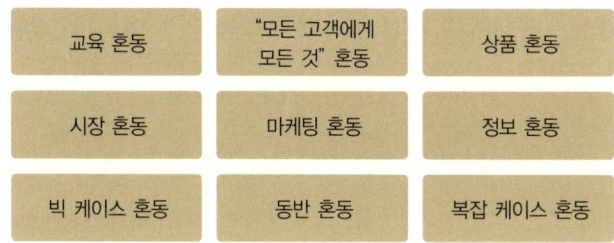

| 혼동의 늪 첫 번째 – 교육 혼동 |

초기단계에 있는 금융상품 판매인이 비즈니스 3단 구조에서 가장 중요시해야 할 점은 고객획득 절차인 Client Acquisition(고객 획득) 단계에 있다. 이미 앞에서도 언급했지만 이 단계는 지식의 문제가 아니라 전략의 문제이다. 많은 신입 금융상품 상담인들의 가장 크게 잘못하는 행위는 준비되면 고객을 만나겠다는 것이다. 준비되지 않았기에 고객을 만나서 제대로 된 서비스를 할 수 없다는 자신감 부족이 이들의 가장 큰 문제점이자 비즈니스 세계에서 퇴출되는 가장 큰 이유이다.

고객을 상대하는 소비자 금융 그 중에서도 생애설계를 바탕으로 인간의 큰 그림을 그리는 우리의 비즈니스 시스템을 완벽히 구가하는 데는 족히 10년은 걸린다고 했다. 그렇다면 10년간 지식을 준비하면 과연 시장에서 성공할 수 있을까? 답은 그렇지 않다는 것이다. 왜냐하면 지식 이전에 고객을 발굴하는 데에 있어 핵심인 고객과의 관계를 효과적으로 할 수 있는 전략과 대화기술이 먼저 금융상품 상담인 본인에게 자연스럽게 접목되어야 하기 때문이다.

이 전략과 대화기술이 시장에서 성공할 수 있는 그림을 갖게 되는 것에도 족히 2년은 걸린다. 따라서 준비되어야 한다는 자세보다는 본인 자신에서 나오는 태도와 전략을 갖고 답을 시장에서 얻겠다는 도전정신과 해보겠다는 열정이 비즈니스 기본이라고 말할 수 있다.

이러한 태도와 열정에서 나오는 초기 생산성은 본인에게 큰 힘을 준다. 따라서 본인의 잠재고객 프로파일을 얼마나 좁혀서 본인의 성향에 맞는 시장을 공략 하느냐가 초기 비즈니스의 생존기법이라 할 수 있다. 교육 즉 많이 배워서 시장을 공략하겠다는 생각을 버려야 비즈니스 세계에 생존할 수 있다는 사실을 명심해야 한다.

| 혼동의 늪 두 번째 – "모든 사람에게 모든 것" 혼동 |

본 비즈니스 세계에서 성공하기 위해선 금융상품 상담인 본인의 능력을 본인 스스로 먼저 분석하여 알아야 한다. 본인의 능력과 성향에 맞는 마켓을 확인하고 전략을 세워 집중 공략하는 것이 성공의 방법이다.

많은 금융상품 상담인들이 본인의 능력과 성향을 모른 채 마켓 공략에 나섰다가 정신적 혼동에 빠져 비즈니스 세계에서 퇴출당하는 경우가 다반사다. 따라서 모든 잠재고객들에게 모든 것을 해 줄 수 있다는 착각은 지금 당장 버리는 것이 현명하다. 본인의 능력을 판단하는 잣대는 해당 업무 경력, 전문지식, 대화기술과 프로세스 접목 능력을 갖고 판단하면 된다. 그리고 본인의 성향을 판단하는 잣대는 성향(외향적/내성적), 대인관계, 논리적/감성적으로 판단하면 된다. 이를 종합하여 본인이 갈 수 있는 마켓을 설정하여 전략을 마련하는 것이다.

반드시 주지해야 할 것은 본인의 능력과 성향 하에 있는 잠재고객에게 편안하게 제공할 수 있는 서비스 범위 내에서만 활동해야 한다는 것이다.

| 혼동의 늪 세 번째 – 상품 혼동 |

최근 들어 한국사회에 GA의 등장으로 인해 신입 또는 경력 금융상품 상담인들이 상품의 종류가 다양하면 고객서비스를 좀 더 잘 할 수 있을 것이라는 착각에 많이 빠져 있는 사회적 현상이 있다.

하지만 상품의 종류가 많으면 많을수록 본인 생산성의 효율은 더 떨어진다는 사실을 인지해야 한다. 왜냐하면 수많은 상품의 복잡성을 전부 이해한다는 것은 불가능하기 때문이다. 따라서 고객에게 수많은 상품 포트폴리오를 제시하면 고객 또한 이해하지 못해 혼돈에 빠지게 되어 있다. 즉 수많은 상품으로 인해 금융상품 상담인들 또한 어떻게 해야 하는지에 대한 대안이 없이 혼동에 빠져 있다는 것이다.

그래서 본인의 능력과 성향에 맞는 마켓을 찾아야 하듯이 상품 포트폴리오 역시 본인 마켓에 맞는 상품군 몇 종류에만 전문가답게 전문화되면 된다는 것을 말하고 싶다. 단순화가 성공의 열쇠임을 잊지 말기 바란다.

| 혼동의 늪 네 번째 – 시장 혼동 |

수많은 금융상품 상담인들이 한 번에 많은 시장에 진입하려고 노력한다. 한 시장에서 비즈니스의 완성도를 높이는 것도 힘든데 여러 시장에서의 동시 성공을 가져올 수 있다는 것은 사실상 불가능하다. 따라서 자신의 능력과 성향에 맞는 시장을 프로파일화하며 집중 공략하는 것이 성공을 가져올 수 있는 길이다. 시장 혼동상태가 오랫동안 지속되면 어떤 시장, 어떤 분야에서도 결코 전문가가 될 수 없다는 사실을 인지하기 바란다.

| 혼동의 늪 다섯 번째 – 마케팅 혼동 |

지인시장과 소개시장에서 실패한 금융상품 상담인들은 대다수가 다양한 마케팅 방식을 생각하고 행동에 옮긴다. 하지만 다양한 마케팅 방식이 시장에서 성공하려면 다양한 시장에 맞는 잠재고객 프로파일과 전략이 필요하다. 따라서 다양한 마케팅 방식을 동시에 시도하는 것은 잘못된 잠재고객들을 끌어들일 가능성이 크고 이는 결국 비즈니스 실패로 돌아가게 될 것이다.

| 혼동의 늪 여섯 번째 – 정보 혼동 |

인터넷의 발달로 정보화의 시대가 되었다. 수많은 정보가 인터넷 상에 떠돌아 다닌다. 많은 금융상품 상담인들이 하는 실수 중에는 정보 혼동으로 인한 잘못된 마케팅 방식과 프로세스를 구가하는 것이 포함되어 있다. 여기서 주의해야 할 점은 금융상품 상담인/재무설계사 본인이 필요한 정보는 본인의 마켓 프로파일에 맞는 정보뿐이라는 것이다.

복잡한 정보는 고객과 본인에게 혼동만 줄 뿐이다. 따라서 해야 할 일은 본인 현재의 잠재 고객 프로파일을 점검하고 수집한 정보 중 이 프로파일에 맞는 정보를 제외하곤 다 쓰레기통에 버리는 것이다.

| 혼동의 늪 일곱 번째 – 빅 케이스 혼동 |

앞선 글에서 언급한 내용과 일치되는 내용으로 본인의 능력과 성향에 맞지 않는 잠재고객의 유입은 시간과 열정만 낭비할 뿐이다. 따라서 현재 본인이 본인의 지적능력 외의 부분에 있는 빅 케이스를 다루고 있다면 본인은 결국 심각한 혼동에 빠지게 되고 비즈니스 생산성 저하를 만들게 될 것이다.

능력 외의 빅 케이스를 다루는 시간에 본인의 능력에 맞는 케이스를 여러 건 다루는 것이 본인의 비즈니스를 성장시킨다. 따라서 빅 케이스가 있다면 주변에 빅 케이스를 다룰 수 있는 전문성을 갖춘 금융상품 상담인/재무설계사에게 추천하여 비즈니스 이익을 나누는 것이 바람직하다.

| 혼동의 늪 여덟번째 – 동반 혼동 |

커리어 초기 단계의 금융상품 상담인들은 매니저나 경력 금융상품 상담인들과 동반하여 프로세스를 진행한다. 이 경우에도 혼동으로 인하여 비즈니스를 만들어 내지 못하는 경우가 많다. 동반을 나가기 전에는 도움을 주는 쪽과 도움을 받는 편 둘 다 잘 정리된 전략을 만들고 롤 플레이(Role Play)를 통하여 성공할 수 있는 방법을 가져가야 할 것이다.

금융상품 상담인이 어느 매니저에게 동반을 요청했다면 전문성은 매니저에게 있을지 모르나 고객관계 형성은 상담인이 했기 때문에 잘 정리된 프로세스가 진행되어야만 성공 가능성이 높다는 것이다.

| 혼동의 늪 아홉 번째 - 복잡 케이스 혼동 |

고액 자산가들은 상당히 복잡한 자산 구조와 세무 구조에 노출되어져 있다. 따라서 금융상품 상담인이 복잡한 구조를 단순화 시키고 자산구조, 세무, 법률 등 복잡 난해한 내용을 비즈니스로 연결시킬 수 없는 상태라면 해당 업무 경력 5년 이상 그리고 국제공인재무설계사(CFP) 정도의 지적 능력이 완비된 사람과 잘 정돈된 방식으로 동반을 하라고 조언하고 싶다. 본인 능력 외의 케이스는 본인에게 득이 되는 것이 아니라 결국 해가 된다는 사실을 느끼길 바란다.

타겟 마케팅

타겟 마케팅이란 말은 모든 산업에서 많이 사용되는 용어이다. 타겟 마케팅은 마케팅의 다양한 구성요소 중 직업, 성별에 좀 더 집중하여 활동하는 것을 말한다. 반면 프로파일 마케팅은 연령대와 상황에 좀 더 집중하여 활동하는 것이다.

타겟 마케팅의 장점은 가야할 방향의 명확성과 단순성을 제시하고 해당 마켓에서 전문성을 가지게 된다는 것이다. 여기서 타겟 마케팅의 이해도를 높이기 위해 사례를 들어보기로 하겠다.

32세 치과의사	57세 치과의사
치과의 개업을 한 상태이며 부채 비율이 커져있는 상태	타 치과의사 또는 동료의사에게 치과병원 지분을 팔 계획을 수립한 상태
결혼시기이며 가족구성원이 늘어날 상태이고 비즈니스에 몰입하고 있는 형태	가능한 한 여가와 휴식쪽에 많은 시간을 투하할 상태
투자 포트폴리오에 많은 관심을 갖고 있고 생명보험 니즈가 늘어가고 있는 상태	투자 포트폴리오의 보수적 운용을 고려하고 있으며 그동안 축적한 자산의 보존과 은퇴 및 상속계획에 대한 니즈가 늘어가고 있는 상태

지금까지 소개(프로세스) 마케팅에 대해 논해 보았다. 이제부터 최신식 재무설계사들의 항로 - 매력 마케팅에 대해 정의해 보고자 한다.

최신식 재무설계사들의 항로 – 매력 마케팅

매력 마케팅에 대한 접근

　매력 마케팅은 마케팅을 하는 금융상품 상담인/재무설계사에게 잠재고객이 직접 연락을 하는 잠재고객 흐름(Flow)을 창조하는 것과 관련된 일련의 활동을 말한다.

　매력 마케팅의 장점은 본인의 회사 또는 본인 자신의 개인 브랜드를 창조하는 것에 많은 도움이 된다는 것이다. 독립 개인 금융사업가 시대엔 현재의 상태처럼 ○○은행이니 ○○ 증권이니 하는 회사의 브랜드보다는 법률시장이나 회계시장처럼 ○○○ CFP, ○○○ CFA 등의 개인전문가 브랜드가 더 고객들을 유인하는 효과를 가져오게 된다. 따라서 이러한 시대에 매력 마케팅에 대한 노하우나 능력은 대단한 생산성을 만들어 낼 수 있는 방법이라 볼 수 있다.

　하지만 매력 마케팅은 아무나 해서 되는 것은 아니다. 지금부터 베일에 싸인 매력 마케팅의 숨겨진 속살을 하나씩 살펴보도록 하겠다. 매력 마케팅을 하기 위해서 먼저 검증해봐야 할 요건들이 있다.

첫째는 본인의 마케팅을 위한 예산이다. 잠재고객을 끌기 위한 마케팅이기 때문에 사업비 준비가 필수다.

둘째, 정말 잠재고객들을 끌 수 있는 본인의 지적 능력이 되는지를 검증해 봐야 한다. 본인 능력 밖의 일을 매력 마케팅으로 승부한다면 이는 사업비 손실과 본인의 시간과 열정만 낭비했을 뿐인 것이다.

셋째는 본인의 자신감이다. 다수의 일반 사람을 상대로 외부 노출을 많이 시켜야 하는 형태이므로 대중 앞에서의 자신감 상실은 비즈니스뿐만 아니라 본인의 브랜드에서 많은 해를 끼치게 되어 있다.

넷째는 금융상품 상담인/재무설계사 본인의 비즈니스 스타일이다. 이는 본인의 성향과 많은 상관관계가 있다.

매력 마케팅의 방법

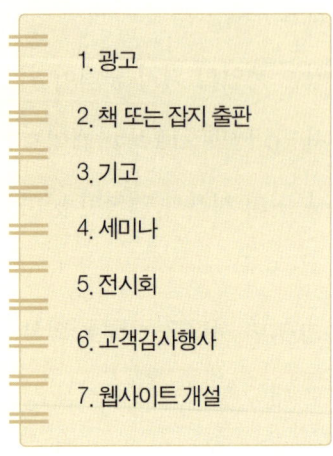

1. 광고
2. 책 또는 잡지 출판
3. 기고
4. 세미나
5. 전시회
6. 고객감사행사
7. 웹사이트 개설

　매력 마케팅 성공의 열쇠는 금융상품 상담인/재무설계사 본인이 해당 주제에 대해 "얼마나 전문성을 갖고 있느냐"이며 잠재고객들에게 "얼마나 어필할 수 있는 프레젠테이션 능력을 보유하고 있느냐" 이다. 따라서 매력 마케팅은 경험과 자본 그리고 마케팅 능력이 뛰어 나지 못하다면 생산성 결과를 예측하기 힘들고 상황에 따라 많은 변동성을 지니고 있다는 것을 알기 바란다.

　하지만 본인의 능력과 자신감 안에 있는 잠재고객 프로파일하의 잠재고객들을 상대로 제대로 된 매력 마케팅을 한다면 고객 획득 프로세스 상의 잠재고객 유입 흐름을 원활하게 할 수 있다는 것은 사실이다.

여기서 미국의 전 MDRT 회장이었던 룰런 라스무센(Rulon Rasmussen), CLU의 코멘트를 들어보자.

> "내 커리어 전체를 되돌아보면 최초 시점 나는 정말 힘들었다. 나는 많은 형태의 잠재 고객들을 다루었었다. 나는 많은 형태의 잠재고객을 위한 재무적 문제점들을 해결하기 위해 노력하였지만 원하는 대로 되지 않았었다. 이후 나는 업계의 전설이라 불리는 벤 펠드맨(Ben Feldman)을 만났고 그는 나에게 한 분야에 전문화되어 전문가가 되라고 말해 주었다. 그는 내가 해결하는 방법을 알고 있는 특정 문제점을 갖고 있는 사람들에게 집중하라고 말했었다. 나는 그의 충고를 따랐고 이후 나는 MDRT를 달성하게 되었다."

그의 말에서도 느껴지듯이 잠재고객들에 대한 프로파일 작업과 이에 따른 마케팅 전략이 얼마나 중요한지 알아야 할 것이다.

이전에도 언급하였지만 이상적 고객 프로파일에 대한 이야기를 좀 더 진행해 보자면 잠재고객들의 상황에 직접적 공감대를 형성하고 이해하는 것에 의하여 금융상품 상담인/재무설계사인 여러분은 영리하게 실행되어질 수 있는 해결책을 추천할 수 있다.

여러분이 본인의 잠재고객 프로파일에 맞는 사람들을 확인하고 금융상품 포트폴리오를 추천할 때 신뢰받는 상담인으로써 작용함으로써 여러분은 상당히 많은 양의 상품을 판매할 수 있다. 필자는 여기서 여러분의 이해도를 높이기 위해 프로파일의 사례를 보여주도록 하겠다.

프로파일 A	프로파일 B	프로파일 C	프로파일 D
25세~30세	55세~60세 비즈니스 소유자	65세~70세	40세~45세
기혼	서울에 위치	기혼	기혼
맞벌이	20인 이하의 종업원	어른 자녀를 둠	집을 소유
자녀 없음	연간 수입 2억 5천 이상	연금으로 부터 소득	자녀 있음
샐러리맨	자녀 있음	5억 이상의 자산에서 소득을 갖고 있음	가계소득 1억에서 1억 5천 사이
책임감 있는 사람들	향후 비즈니스 매매를 예측	-	투자 포트폴리오를 갖고 있음

이렇게 잠재고객 마켓을 특정 프로파일화 하면 과연 비즈니스가 될까? 아마도 여러분은 의구심이 들 것이다. 따라서 이 의문에 대한 해답을 지금부터 풀어 보겠다.

상기와 같이 대단히 특정적이고 한정된 프로파일에 맞는 사람들을 어떻게 찾아야 할까? 답은 생각 외로 매우 간단하다. 본인의 주변에 있는 사람들의 눈을 통해서 찾으면 된다.

즉, 주변의 신뢰관계가 돈독한 사람들에게 상기에서 언급한 바와 같은 특정 프로파일을 알려주고 찾아 달라고 부탁하는 것이다. 이런 방식이 소개자에겐 오히려 더 전문가다운 모습을 느끼게 해 준다. 만약에 여러분이 정확하게 소개 프로세스를 구가했다면 그들은 좀 더 여러분을 도와줄 의사가 있을 것이다. 소개를 요청하고 받는 소개 프로파일 마케팅 기법은 분명 잘 작용하는 과학적 프로세스이다.

이제 필자는 고객 획득에 어려움을 겪고 있는 금융상품 상담인들의 문제점을 짚어보고자 한다. 일이 제대로 안된다면 원인을 알아야 교정을 하고 다시 비즈니스 상태를 원래의 위치로 되돌릴 수 있기 때문이다.

고객 획득(Client Acquisition) 마케팅의 적

- 올바른 잠재고객의 불충분한 유입
- 잠재고객과 연결할 수 없는 무능력
- 신규 잠재고객과 연락할 때 약속을 잡지 못하는 무능력
- 초회면담을 제대로 하지 못하는 무능력
- 다음 면담을 위해 적당한 약속을 잡지 못하는 무능력

상기와 같은 문제점 때문에 잠재고객 확보에 어려움을 겪고 있다면 다음과 같은 해결책을 사용해 보기 바란다.

1. 올바른 잠재고객의 불충분한 유입

해결책 잠재고객 프로파일에 맞는 개인적 소개를 적극적으로 받는 활동량이 필요하다.

2. 잠재고객과 연결할 수 없는 무능력

해결책 상당히 효과성이 있는 사전 접근 방식을 연구해서 실행해라.

3. 신규 잠재고객들과의 연락에 있어 약속을 잡지 못하는 무능력

해결책 대화를 할 때 긴장감 없이 편안한 대화를 할 수 있도록 대화 스크립을 만들고 Role Play를 통한 연습을 통해 자연스러운 대화기법을 습득해라.

4. 초회 면담을 제대로 하지 못하는 무능력

> **해결책** 본인이 제공하는 서비스와 상품이 아니라 잠재고객의 관심사에 집중하여 고객위주의 대화를 전개하라.

5. 다음 약속을 잡지 못하는 무능력

> **해결책** 매번 올바른 약속을 만들 수 있는 프로세스를 따라라. 즉, 각 프로세스마다 차후 프로세스를 기대할 수 있는 대화기법을 습득해라.

지금까지 재무설계사 비즈니스의 시스템을 만드는 3단 구조 중 고객획득을 제대로 할 수 있는 마케팅 기법에 대해 이야기를 전개하였다.

재무설계사 비즈니스에 있어 가장 중요한 것이 무엇일까? 가장 중요한 이슈는 신뢰를 형성하는 것이다. 사실 사람들이 본인과 비즈니스를 하려고 결정할 때 가장 중요한 요소는 '그들이 본인을 얼마나 신뢰하는가' 이다. 만약에 그들이 여러분을 신뢰하지 않는다면 그들은 비즈니스를 하지 않으려 할 것이다.

이러한 성향은 그들이 여러분과 비즈니스 계약을 체결하였다고 하더라도 소개를 요청했을 때 소개자를 소개해 주지 않는 것과 동일한 성향이라고 보면 된다. 사람들은 여러분들에게 높은 신뢰를 갖고 있을수록 상품 추천과 여러분들의 재무설계 서비스에 대해 열린 마음으로 여러분들의 고견을 들을 것이다.

소개 프로스펙팅의 3단계

1단계

여러분이 자신의 잠재고객에게 소개를 요청해야 할 최초 시점은 정보수집 단계인 Fact-Finding이 끝나는 시점이다. 정보수집 단계에서 잠재고객으로부터 얻은 핵심 이슈와 여러분들의 짧은 전문성있는 의견은 잠재고객에게 이미 어느 정도의 효과를 주었을 것이다. 따라서 여러분들은 잠재고객에게 정보수집 단계에서의 느낌에 대해 묻고 좋다면 소개를 요청해야 한다.

2단계

두 번째 소개를 요청할 수 있는 타이밍은 프레젠테이션 후 클로징 단계 즉 세일즈가 완성되었을 때이다. 잠재고객이 고객이 되는 시점인 것이다. 그들은 이미 여러분이 제공하는 프로세스를 통해 여러분들이 제시하는 프레젠테이션을 듣고 공감대를 형성하게 되었고 또한 필요하다고 판단하기에 여러분들과 비즈니스를 하는 것이다. 따라서 세일즈를 하였다는 것은 고객의 만족도가 가장 높은 시점이기도 하다. 이때가 소개를 받을 수 있는 가장 좋은 타이밍이라는 것을 잊지 말기 바란다.

3단계

소개를 요청하는 세 번째 타이밍은 증권전달 시점이다. 증권전달시 증권에 대한 이야기만 할 것이 아니라 최초 제안되었던 재무설계에 대한 포괄적 그림에 대해 다시 한 번 언급하고 재무설계는 한번만 하는 것이 아니라 평생 동안 주기적으로 해야 하는 것이며 지금 구입한 상품의 의미는 재무설계의 완성도를 높이기 위한 작업 중의 하나로 인식해야 한다는 것을 주입시켜라. 따라서 부족한 부분에 대해선 상황을 보아가면서 지속적으로 업그레이드해야 한다는 것도 알려 주어야 한다.

그리고 고객들은 이 시점에서 금융상품 상담인/재무설계사의 전문성을 다시 한번 느끼는 시점이므로 소개 요청시 효과적으로 소개받을 수 있는 타이밍이라는 것이다. 이 경우 가장 좋은 증권전달 시간은 아침 11시 이다. 소개를 받고 점심을 대접할 수 있는 가장 자연스러운 타이밍이기 때문이다.

비즈니스 성공을 위한 약속 프로젝트 구상

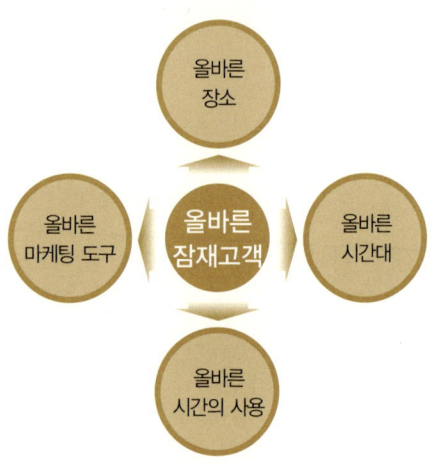

비즈니스에 있어서의 성공은 모든 비즈니스의 구조를 여러분에게 맞게끔 프로젝트할 수 있느냐의 문제에 달려 있다. 따라서 상기 도표에 그려놓은 것처럼 여러분들의 잠재고객 프로파일에 맞는 잠재고객을 올바른 시간대에 올바른 장소에서 만나고 각 프로세스마다 올바른 시간의 사용과 효과적 마케팅 도

구를 이용한다면 여러분들의 비즈니스 성공률은 대단히 높아질 것이다. "올바른(right)"이란 문구에서 깨달음을 갖길 바란다. 이 문구가 여러분의 비즈니스 상태를 완전히 바꾸어 놓을 수도 있다는 사실.

지금까지 독립 금융사업가 비즈니스에 있어 가장 중요한 단계인 고객획득 프로세스와 관련된 다양한 내용에 대해 이야기를 전개해 왔다. 3장에서는 고객획득 프로세스를 통해 얻어낸 잠재고객을 어떠한 방식으로 고객화 시키는지 고객개발 프로세스에 대해 흥미롭게 이야기를 펼쳐나가 보도록 하겠다.

국제 금융계 매력의 스타일리스트 차재혁 CFP의 **금융 비즈니스 성공 바이블**

Chapter 03

고객을 잡아라
_ 재무컨설팅

01 고객개발 프로세스의 이해

02 과학에 웃다 – 재무분석 기법

03 연기자가 되라 – 재무 처방전 발행(영화같은 프레젠테이션)

04 신뢰는 지속적 관리에서 나온다 – 재무플랜 검토 기법

고객개발 프로세스의 이해

고객획득 프로세스를 성공적으로 잘 하고 있다면 이제 비즈니스의 완성화를 이루기 위해 해야 할 프로세스가 있다. 바로 고객개발(Client Development) 프로세스라는 것이다. 고객획득 프로세스의 성공이 마케팅 전략에서 나온다면 고객 개발 프로세스의 성공은 배움 즉 교육과 트레이닝의 산물이라 할 수 있다.

고객 개발 프로세스의 완성은 습득하는데 오랜 시간이 걸리기 때문에 배움의 완성도가 높아질 때까지 기다렸다간 이미 여러분은 이 시장에 존재하지 않을 것이다. 따라서 단계별로 차근차근 배우면서 답을 잠재고객 시장에서 얻으려고 하는 태도와 마인드가 중요하다. 고객개발 프로세스는 최초 세일즈 프로세스를 배우기 시작해서 6년차 이후엔 재무설계 프로세스로, 10년차 이후엔 자산관리 프로세스로 진화되어야 한다.

3장에서는 자세한 프로세스를 지식적으로 전달하기 보다는 프로세스의 형태, 의미, 대화기술, 태도 및 자세 등에 집중하여 여러분들의 시각을 넓히는 방향으로 집필을 해 보도록 하겠다.

고객개발 프로세스는 6단계로 나누어 이루어진다. 여기서 고객관계 형성과 관련된 내용은 다음 장인 매력의 스타일리스트 커뮤니케이션 기법에서 다룰 것이므로 생략하고 본격적인 잠재고객을 고객화 시키는 프로세스에 대한 내용만 다루기로 하겠다.

각 프로세스에선 반드시 프로세스별로 해야 할 일들과 하지 말아야 할 일들이 있다. 즉 프로세스별 성공을 위한 방법론을 제시하는 방식으로 스토리가 전개되어 질 것이다.

고객개발 프로세스의 큰 그림

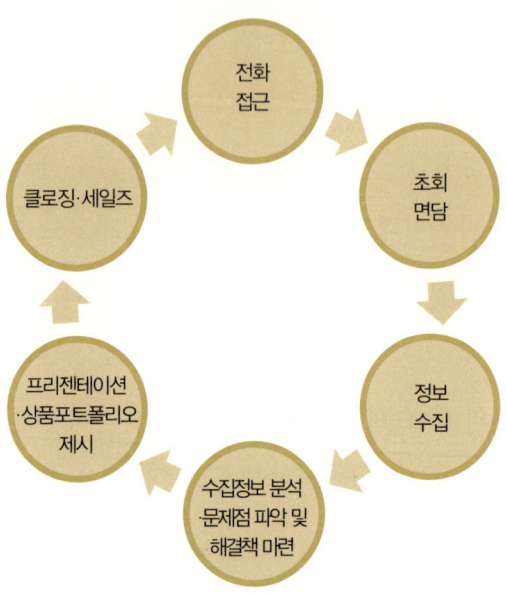

1단계 프로세스

- 시스템의 성공 전화 접근(Telephone Approach)

고객획득 프로세스를 통해 여러분은 수많은 잠재고객 리스트를 지속적으로 업데이트시키고 있을 것이다. 여러분이 잠재고객 프로파일에 맞는 잠재고객 리스트를 보유하고 있다면 이 것을 향후 여러분들의 비즈니스를 성장시키고 번창하게 할 원료(Resource)라고 생각해야 한다.

자동차를 운전하고 가다가 기름이 떨어지면 주유소에서 기름을 주유하듯이 여러분들은 여러분들의 보물창고인 잠재고객 리스트(Name Bank)에 지속적으로 주유를 해야 한다. 이 부분을 자동시스템으로 만들 수 있다면 여러분들은 성공할 가능성이 아주 커진다. 이제 여러분들은 잠재고객을 고객화 시키는 일을 해야 하는데 이 부분은 컨설팅 능력과 아주 밀접한 관계가 있으며 시간차를 둔 꾸준한 교육과 훈련을 통해 완성되어질 것이다.

잠재고객 리스트를 만들었다면 잠재고객의 고객화를 위해 첫 번째 만들어야 할 습관은 그들에게 전화를 하는 습관이다. 주 2회 특히 화요일과 수요일 오전 10시부터 11시 두 시간 정도를 실행하는 것을 권유한다. 월요일은 잠재고객 대다수가 긴장하고 바쁜 날이며 기분도 그리 좋은 요일은 아니기 때문에 피하기 바란다.

필자가 수많은 금융상품 상담인/재무설계사를 회사에서 긴 기간동안 교육하며 훈련을 시켜 본 경험이 있는데, 대부분의 실패하는 이들은 전화 접근이라는 1단계 프로세스의 습관화에 실패하였다. 그러니 성공하고 싶은 사람들은 반드시 주 2회 전화 접근 프로세스의 습관화에 성공하여야만 할 것이다. 따라서 주 2회 전화 접근을 위해선 지속적인 고객획득 마케팅이 사전되어야 함은 당연지사라고 생각하기 바란다.

그렇다면 잠재고객에게 전화 접근을 할 때엔 무엇을 말해야 할까?

전화 접근의 목적은 초회면담을 할 수 있는 약속을 획득하는 것이다. 그러니 많은 말을 해서는 안된다. 짧고 효과성 있는 대화를 해야 한다. 전화 접근시 최초 5초간의 효과가 결과를 좌우하기 때문에 전화접근 대화법을 잘 만들고 익혀서 시도해야 성공 확률이 높아진다. 전화 접근은 1명당 5분을 넘겨선 안 된다. 너무 많은 말은 잠재고객의 흥미를 떨어뜨리기 때문이다.

전화 접근시 해야 할 중요한 내용

1. 간략한 회사 및 본인 소개
2. 여러분의 잠재고객 프로파일에 맞는 그들이 공감할 수 있는 효과성이 극대화된 간략한 말
3. 여러분이 제공하는 서비스를 경험하라는 말
4. 15분 정도면 되니 부담감 없이 만나자는 말

전화 접근은 잠재고객들의 거절이 대단히 많은 프로세스다. 따라서 여러분들의 정신적 상태를 온전히 유지하기 위해 전화 접근 스크립트를 상기에 언급한 내용을 마켓에 맞게끔 잘 작성하고 충분히 연습하여 실시하기 바란다. 이 때 여러분들의 마인드는 꼭 약속을 많이 잡겠다는 욕심보다는 기계적으로 잠재고객 리스트 중 여러분이 제공하는 서비스가 필요한 잠재고객을 선별하겠다는 식이어야 한다.

그리고 전화 접근에 있어 잠재고객의 거절은 그리 신경 쓰지 않아도 된다. 여러분들을 거절하는 것이 아니라 여러분을 잘 모르고 여러분들의 서비스에 대한 필요성을 느끼지 못할 뿐이다. 단 거절의 사유를 잘 들어 놓았다가 차후 전화 접근시 실패를 줄이기 위해 거절처리를 효과적으로 사용할 수 있도록 적용하면 되는 것이다.

2단계 프로세스

- 설레임의 초회 면담

1단계 프로세스인 전화 접근에서 약속을 잡은 잠재고객 리스트는 2단계 초회 면담으로 진행시킨다.

초회 면담에서 여러분이 해야 할 목적은 여러분이 제공하는 서비스에 대한 즉각적 니즈가 있는지 확인하고 니즈가 있다면 3단계에서 즉시 고객의 니즈에 맞는 상품 포트폴리오를 제시하고 니즈가 없다면 3단계에서 고객의 재무적 정보를 얻는 과정(Fact Finding)을 안내하고 다음 프로세스로 잠재고객을 유도한다. 그렇다면 초회 면담에선 무엇을 해야 하는 것일까?

초회 면담시 해야 할 내용

1. 간략한 여러분 프로파일(경력, 전문자격) 안내
2. 간략한 회사 소개
3. 공감대 형성을 위해 잠재고객들이 흥미 있어 할 만한 내용
4. 여러분들이 제공하는 서비스의 특징 및 혜택 안내
5. 여러분들이 제공하는 세일즈/재무설계 프로세스 안내 및 프로세스별 의미 주지

초회 면담에서 다음 프로세스로의 성공률을 높이려면 상기와 같은 내용에 대해 초회 면담 스크립트를 잘 작성하고 충분한 연습을 통해 잠재고객을 만났을 때 자연스러운 대화의 장이

될 수 있도록 준비하기 바란다. 또한 조심해야 할 것은 초회면담에서 잠재고객에게 많은 시간을 소요해선 안된다는 것이다. 반드시 15분~20분 이내에 초회 면담을 끝내야 한다.

향후 단계별 프로세스를 통해 여러분은 잠재고객과 많은 대화를 하게 될 것이다. 여러분들은 항상 간략하고 알기 쉽게 그리고 전문가답게 정돈된 모습의 자태를 보여야 할 것이다. 그리고 마무리하고 난 후 항상 잠재고객들이 다음 프로세스를 기다릴 수 있도록 대화를 이끌어야 한다. 여러분이 의사에게 진단받고 진단결과를 기다릴 때의 마음처럼 여러분들도 잠재고객이 다음 프로세스를 기대하도록 만들 수 있어야 하는 것이다.

3단계 프로세스

- 고객의 마음을 연다. 재무진단(Fact Finding) 서비스

이 단계부터 재무설계의 시작 시점이다. 컨설팅 능력의 구현이 이 시점부터 필요하다.

이전에서 여러분들께 얘기했지만 의사의 의학 컨설팅 시스템과 재무설계사의 재무컨설팅 시스템은 아주 비슷한 과정을 갖고 있다고 했다. 이 과정에서부터 잠재고객에게 금융전문가로써 인정받기 시작하는 시점이라고 생각하면 된다.

재무진단 서비스를 제대로 잠재고객에게 공급하기 위해선 금융 과학적으로 잘 정립된 프로세스가 반영된 팩트 파인더(Fact Finder)라는 도구가 필요하다. 각 금융회사, GA 그리고 FP Firm마다 자신들의 노하우가 반영된 팩트 파인더(Fact Finder) 개발이 반드시 이루어져야 할 것이다.

재무진단 서비스는 반드시 50분 이내에 끝내야 한다. 시간이 길어질수록 잠재고객으로부터의 효과성은 반감되기 때문이다.

지금부터 어떠한 방식의 재무진단이 진행되어야 할 지 논해보도록 하겠다.

재무진단을 시작할 때 최초 접근해야 하는 것은 금융상품이 아니다. 이 시점엔 잠재고객이 어떤 재무적 니즈와 문제점을 갖고 있는지 알 수 없는 시점이다. 따라서 일반 토픽에서 전문 금융 토픽으로 넘어가는 형식의 재무설계 컨설팅이 이루어져야 하는 것이다.

그리고 사람이 태어나서 사망시까지 발생할 수 있는 모든 재무적 이벤트를 현재 잠재고객의 연령, 가족상황, 자산상태, 수입구조, 비용구조, 현금흐름 구조에 맞게끔 맞춤컨설팅을 해야 한다.

다음은 재무설계 컨설팅 방식으로 재무진단을 시행하는 순서를 기술해 놓은 것이다.

1단계

현 시점에서 잠재고객의 재무상태를 파악하는 것이 먼저다. 잠재고객의 재무상황을 정확하게 알지 못한다면 잠재고객의 재무적 문제점이 무엇인지 확인할 수 없고 또한 재무적 니즈가 있다고 하더라도 현실적으로 구현 가능한 것인지 아닌지를 알 수 없기 때문이다.

따라서 다음과 같은 일을 수행해야 한다. 먼저 자산대비 부채 구조를 알기 위해 대차대조표, 수입 대비 비용구조를 알기 위해 손익계산서, 비용 후 남은 순소득이 어떠한 형식으로 저축, 투자 및 보험에 적립되어지고 있고 또한 나머지 자금의 현금흐름을 확인하기 위한 현금흐름표를 작성해야 한다.

이러한 개인 재무제표(Financial Statements) 작성이 끝나게 되면 이제 여러분은 고객의 기본적 재무정보를 획득한 것이고 두 번째 프로세스를 준비할 단계를 맞이한 것이다.

2단계

미리 작성한 잠재고객의 재무제표를 이용하여 인생 전반에서 예측되어지는 재무적 이벤트(결혼, 특정목적을 달성하기 위한 종자돈 마련, 주택구입, 교육, 은퇴 등)와 잠재고객의 특정 재무니즈를 발견하여 이를 재무설계화시키는 작업을 해야 한다.

바로 이 시점이 금융상품 상담사/재무설계사의 능력이 발휘되는 시점이다. 왜냐하면 컨설팅 능력이 필요하기 때문이다. 재무진단은 주어진 항목 하에서 잠재고객의 정보를 단순히 얻는 단계가 아니다. 잠재고객의 현 상황을 인식시키고 깨닫지 못하는 것을 깨닫게 해 주며 막연하게 갖고 있는 생각들을 정리, 구체화시키는 단계가 바로 재무진단 단계이기 때문이다. 따라서 없던 것들을 만들어 주는 단계라고도 말할 수 있다. 이로 인해 금융상품 상담사/재무설계사의 컨설팅 능력이 중요하다고 말하는 것이다.

그래서 이 단계에서는 여러분들이 평균적으로 인간에게 발생되어 질 수 있는 재무적 이벤트들을 잠재고객에게 인식시킨 후 모든 재무적 상황에 대해 잠재고객으로부터 니즈를 들어야 하는 것이다. 따라서 이 단계에서 여러분들은 질문형 대화를 이끌어 가야 한다. 여러분들은 대화의 70% 이상을 질문형으로, 잠재고객은 70% 이상을 답변형으로 이어나갈 때 성공적인 재무진단을 할 수 있다고 본다.

또한 여러분들은 잠재고객의 미래에 대한 꿈을 꾸게 해 주고 희망을 전달하며, 재무적 니즈를 설정하는 것을 도와야 하고 어떤 위험에 처해 있는지 느끼지 못하는 것을 느끼게끔 해 주는 인생 컨설턴트라는 사명감으로 본 프로세스를 진행해야 한다.

3단계

잠재고객의 재무적 니즈를 확인하고 문제점을 인식했다면 이제는 잠재고객의 니즈를 충족시킬 수 있는지 잠재고객의 니즈와 문제점을 현 상태에 맞추어 보는 작업을 해야 한다.

그래서 각 니즈별로 현시점에서 보유하고 있는 단순 금융상품 포트폴리오, 부동산 포트폴리오, 보험상품 포트폴리오, 연금상품 포트폴리오, 투자상품 포트폴리오, 대출상품 포트폴리오 등을 자세하게 확인함으로써 잠재고객의 니즈와 현실적으로 어느 정도 준비되어 있는지를 알 수 있다.

모든 금융상품은 제약회사의 약이 증상에 따라 효과가 있도록 잘 만들어져 판매되듯이 마찬가지로 각 개인들의 필요성과 문제점에 따라 효과성이 극대화되도록 만들어졌기 때문에 금융상품은 아무렇게나 구입되어서도 판매되어서도 안 된다는 사실을 잠재고객에게 주지시켜야 한다. 예를 들어 목감기에 걸린 사람에게 의사가 폐렴약을 처방했다면 목감기가 없어지겠는가? 신체적 문제 증상마다 투약되는 약이 틀려지듯이 금융상품도 잠재고객의 상황에 따라 포트폴리오 구성이 달라진다는 것을 의미하는 것이다.

재무진단을 끝내면서 여러분이 잠재고객에게 재무처방을 기다릴 수 있도록 하는 궁금함, 신비함 등의 여운을 남길 수 있다면 여러분들의 재무진단서비스는 성공적으로 수행된 것이다. 능력 있는 재무설계사들은 일반적으로 재무진단에서 프레젠테이션 프로세스까진 100%의 프로세스 전개 성공 확률을 갖고 있다고 말할 만큼 재무진단 후의 느낌이 중요한 것이다.

과학에 웃다 - 재무분석 기법

이제 여러분들의 해야 될 일은 재무진단 서비스를 통해 잠재고객으로 받은 정보를 어떠한 형식으로 분석하여 잠재고객의 재무적 니즈에 맞는 제안과 재무적 문제점에 대한 해결책을 제시할 것인지에 대한 방법이다. 지금부터 어떠한 방식으로 재무분석을 해야 할 지 단계별 재무분석 프로세스를 안내하고자 한다.

1. 첫 번째 프로세스

- 잠재고객의 재무제표를 분석하라

우선적으로 잠재고객의 전반적인 재무제표를 분석하는 것이 필요하다.

> 1) 대차대조표(자산 - 부채 = 순자산) 분석 실행
>
> 여기서 확인해야 할 점은 자산대비 부채비율이다. 자산의 건전성 유무를 파악하기 위함이다.

> 2) 손익 계산서(수익 - 비용 = 순수익) 분석 실행
>
> 수익 대비 비용구조를 파악함으로써 잠재고객의 소비성향을 파악할 수 있으며 수익의 제대로 된 사용구조를 갖고 있는지 확인한다.
>
> 3) 현금 흐름표(순수익 - 각종 저축 - 각종 투자 - 각종 보험 - 각종 연금 = 잉여자금) 분석 실행
>
> 각종 저축 및 투자의 목적과 형태를 파악하고 보험료 및 연금불입과 관련하여 잠재고객의 니즈에 맞는지, 문제점은 없는지 파악할 수 있으며 또한 잉여자금이 얼마나 남는지 확인가능한 중요한 분석작업이다.

여러분은 잠재고객의 재무제표를 분석함으로 인해 잠재고객의 거절의 50%를 없앨 수 있는 장점이 있음을 알고 재무제표 분석능력을 키우기 바란다.

2. 두 번째 프로세스

- 잠재고객의 니즈를 확인하고 니즈 분석작업에 돌입하라

자녀의 교육자금, 본인 및 배우자의 주택자금, 특정 목적을 달성하기 위한 종자돈 마련, 본인 및 배우자의 노후자금, 자산 보존 및 소득 보전을 위한 위험관리 설계, 각종 자산을 마련하

기 위한 투자설계, 배우자나 자녀를 위한 상속 및 세금 설계, 비즈니스 승계를 위한 상속 설계 및 절세전략 등 다양한 니즈를 잠재고객들은 갖고 있다.

이 니즈를 충족시키기 위한 재무분석을 능숙하게 하기 위해선 한국에서는 AFPK(국가공인재무설계사)와 CFP(국제공인재무설계사) 프로그램을 이수하고 국가시험을 통해 준비하여야 할 것이다. 적어도 3년차 이상이 되는 시점에 이 프로그램을 이수하는 것이 바람직하기 때문에 초년기에는 어려운 재무설계분석 방식보다는 각 회사의 니즈별 분석 프로그램을 이용하여 여러분의 능력 범위 내에서 잠재고객들에게 해결책 및 니즈별 제안을 하는 것이 바람직하다.

본 도서에서는 독립 금융사업가 비즈니스의 시스템과 비즈니스의 성공방식에 대해 저술하는 것이므로 전문적 지식을 전달하는 것은 차후 논하기로 하고 비즈니스 시스템을 이해하고 성공하는 방식에 대해서만 전달하기로 하겠다. 다만 독자 여러분에게 재무설계 분석의 기본적 도해도를 다음에 간략하게 전달 한다.

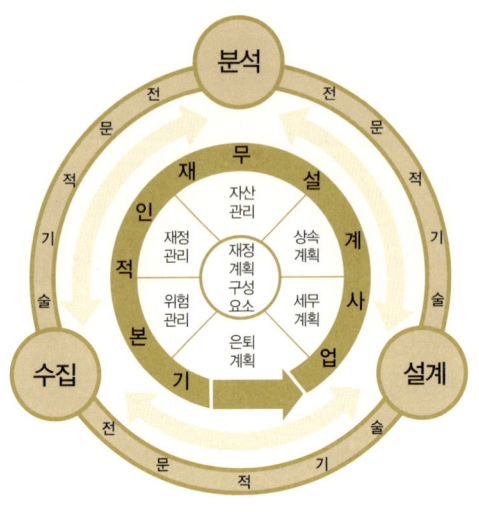

〈국제공인재무설계사의 지적 능력 프로파일〈CFP Competency Profile〉〉
※ Reference : FPSC CFP Competeney Profile

    재무설계 컨설팅하에 재무설계 분석력을 키우기 위해선 다양한 지식이 필요하다. 투자설계, 위험관리설계, 상속설계, 세무설계, 노후설계, 교육자금 설계, 주택자금 설계, 이혼설계 등 설계에 필요한 다양한 지식 즉 세무, 법률, 보험, 증권, 간접투자, 파생상품, 투자분석 등을 현업에서 일을 하면서 습득해야지만 실무능력과 지식, 경험의 조합을 통해 금융전문가가 될 수 있는 것이다.

3. 세 번째 프로세스

- 투자성향조사 실행과 투자자 성향에 따른 투자 포트폴리오를 만들어라

잠재고객의 재무목적에 금융을 이용한 저축 및 투자 니즈가 파악되었다면 건전한 투자를 위해 Investor Profile(투자자 프로파일)을 통해 잠재고객의 투자성향조사를 실행하고 이를 통해 투자자 성향에 따른 투자 포트폴리오를 만들어라.

투자성향조사는 여러분의 잠재고객을 올바른 투자로 유도하고 투자기간에 맞는 투자 포트폴리오 구성의 원천이 되며, 이로 인해 예측 수익률을 과학적으로 산출해 낼 수 있는 근원이다. 이러한 방식을 습득하기 위한 투자자 프로파일 및 투자자 프로파일에 따른 투자자 포트폴리오 작성 방법은 부록으로 독자 여러분에게 제공하니 참조하기 바란다.

4. 네 번째 프로세스

- 자료를 토대로 통합분석을 실행하라

세 번째 프로세스까지 분석하고 준비되어진 자료를 토대로 통합분석을 실행한다. 잠재고객의 재무 목적별 목적자금 및 필요성에 대한 검증을 하고 현 시점에서의 금융상품을 목적과 필요성에 부합되는지 확인하라.

다음은 목적자금에서 현재 준비되어진 자금은 빼고 향후 필요한 자금에 대해 설계해야 한다. 즉『목적자금 - 현 준비 자금 = 부족자금』이 될 것이다. 이 부족자금에 대해 현 잉여자금을 고려하여 필요한 기간내에 어떠한 방식으로 잠재고객이 본인의 목적을 실현할 수 있는지에 대해 대안을 만들어야 한다.

대부분의 자금 마련 목적자금의 경우 상기와 같은 방식을 사용하면 좋은 해결책을 잠재고객에게 제안할 수 있을 것이다. 만약 부족자금에 대해 현 잉여자금이 부족하다면 잠재고객의 손익계산서를 확인하여 소비 행태를 파악하고 조절할 수 있는 부분이 있는지 확인한 다음 잠재고객과 재상담을 하길 바란다.

노후자금 마련도 같은 방식으로 분석하고 잠재고객으로부터의 노후자금 마련 방법에 대해 구체적으로 들은 다음 전문가로써의 현실적 대안을 제시하는 것이 좋다. 노후자금 선액을 금융으로만 해결하려는 획일성은 많은 위험을 노출시키기 때문에 다양한 자산을 이용한 방법을 제시하기 바란다.

위험관리에 관련된 부분은 보험상품과 연관관계가 크다. 이 경우 잠재고객이 위험관리가 필요한지 아닌지에 대해 먼저 확인해야 하는데 먼저 해야 하는 작업은 잠재고객의 위험을 확인해 봐야 한다. 위험의 정도는 사망시, 질병시, 상해시로 나누어 볼 수 있는데 이는 잠재고객의 연령, 결혼 여부, 자녀 유무, 자녀가 있다면 자녀의 연령, 소득 및 부채의 정도 또한 잠재고객 배우자의 소득에 따라 많이 달라진다.

다양한 변수를 정확히 측정하고 잠재고객의 기존 보험 상품과 현시점에서의 위험측정 및 니즈와의 적합성을 파악한다면 한국 시장에서 이 방식을 사용하는 금융상품 상담인/재무설계사는 보험과 관련된 시장이 포화가 아니라 기회의 시장임을 확신하리라 믿는다.

또한 이 방식을 배운 여러분은 잠재고객에게 신뢰받고 비즈니스 생산성을 높이는 동시에 잠재고객은 불필요한 보험을 유지하지 않는 소득의 효율적 사용에 만족성을 높일 것이기 때문에 서로간의 윈윈(Win-Win)이 될 것이라 믿는다.

5. 다섯 번째 프로세스

- 대안에 따른 세 가지 상품 포트폴리오를 만들어라

목적자금 대비 부족분에 대해 구체적 대안이 설정되었다면 그 대안을 기준으로 각 문제점마다 세 가지 상품 포트폴리오를 만든다. 세 가지 포트폴리오는 잠재고객의 니즈와 문제점을 해결할 수 있는 상품군으로 구성되어져야 하며 각 포트폴리오마다 갖고 있는 장점과 단점을 제시함으로 인해 잠재고객의 선택의 폭을 넓혀줄 수 있다.

이러한 방식으로 인해 제안자인 금융상품 상담인/재무설계사 여러분은 잠재고객의 눈에 객관성, 전문성, 진실성을 갖고 있는 신뢰받는 사람으로 인식되어 가고 있을 것이다. 바로 이 시점이 여러분 비즈니스 성장의 시발점인 것이다.

연기자가 되라 - 재무 처방전 발행(영화같은 프레젠테이션)

재무분석을 통해 잠재고객의 각종 재무적 니즈 및 문제점을 확인하고 재무적 니즈별 대안을 마련하였다면 이젠 멋진 프레젠테이션 자료와 화려하고 효과성 있는 프레젠테이션 능력이 필요한 시점이다.

프레젠테이션 장소에서 잠재고객에게 효과없는 노력을 하고 싶지 않다면 여러분은 여러분이 준비한 프레젠테이션 자료에 충분한 자신감이 배어 있어야 하며, 프레젠테이션 자체에 상당한 매력 포인트가 우러나와야 한다. 프레젠테이션의 효과적 사용시간은 1시간에서 1시간 30분 정도임을 주지해라.

잠재고객에게 프레젠테이션의 효과성을 높여 여러분의 비즈니스 생산성을 높이고 싶다면 다음과 같은 사항을 충분히 고려해야 한다.

첫째, 여러분의 제안이 잠재고객에게 충분히 쉽게 이해되도록 진행되어져야 한다.

둘째, 여러분의 잠재고객이 이전 프로세스에서 잠재고객 본인의 말과 뜻을 여러분이 잘 듣고 이해했다는 것을 알게 하기 위해 프레젠테이션 상에 그들이 했던 말을 포함시켜라. 잠재고객들은 이러한 방식의 프레젠테이션에 여러분께 고맙고 전문가다운 느낌을 충분히 느낄 것이다.

셋째, 여러분의 프레젠테이션의 내용 중에서 잠재고객으로

부터 나올 만한 거절에 대해 미리 예측하고 준비하라.

넷째, 전문가다운 복장, 태도와 말투를 잘 사용할 수 있도록 미리 프레젠테이션 리허설을 하라.

이처럼 철저한 프레젠테이션 준비는 여러분이 잠재고객들에게 좋은 인상을 많이 전달할 수 있고 잠재고객의 제안에 대한 이해도를 높이는데 많은 효과가 있기 때문에 성공적 비즈니스의 결과를 가져올 가능성이 크다.

지금까지 많은 프로세스를 거쳐 오며 여러분은 많은 시간과 열정을 사용하였을 것이다. 이 모든 노력의 대가는 프레젠테이션에 달렸다. 성공적인 결말을 맺기 위해 여러분은 프레젠테이션 전략이 필요할 것이다.

성공 프리젠테이션 전략

첫째, 여러분이 잠재고객의 재무진단시 얻었던 정보에 근거하여 모든 자료를 분석하여 준비하였기에 본 프레젠테이션이 잠재고객에게 상당히 좋은 제안을 하고 있다는 것을 느끼게 해주어야 한다. 이를 위해 여러분은 재무진단시 잠재고객이 했었던 대화 내용을 잘 기억했다가 프레젠테이션 도중에 사용하는 것이 잠재고객의 흥미와 신뢰를 불러 일으키는데 많은 도움이 된다.

둘째, 재무진단시 잠재고객이 동의했었던 니즈에 대해 재확인 절차를 거침으로 인해 잠재고객 본인의 확신을 가져올 수 있다.

셋째, 잠재고객으로부터 나온 사실과 숫자만 사용하면서 필요시마다 언급하여 잠재고객의 신뢰를 지속적으로 확보해야 한다.

넷째, 상품 포트폴리오 제안시 세 가지 포트폴리오의 장점과 단점을 알려주고 잠재고객 본인이 선정하게끔 해야 한다.

다섯째, 여러분의 프레젠테이션과 제안 그리고 상품 포트폴리오에 대해 잠재고객이 어떤 인상과 느낌을 가졌는지 물어보자. 그리고 이에 대한 적합한 응대를 하면서 프레젠테이션을 마치면 훌륭한 프레젠테이션이란 느낌을 전달하기에 충분할 것이다.

신뢰는 지속적 관리에서 나온다 - 재무플랜 검토 기법

　재무설계사는 한 고객과 그 가족의 인생의 동반자란 말이 서양에서는 일반화되어 있다. 그만큼 재무설계사가 사회적으로 미치는 영향력이 크다는 말이다.

　재무설계는 인생전반에 걸쳐 돈에 관련된 모든 부분을 장악하는 힘이 있기 때문에 주기적 업데이트를 필수로 한다. 투자 관련 설계인 경우엔 3개월에 한번 정도, 위험관리 관련은 1년에 한번 정도 해주어야 하나 종합재무설계를 받은 경우엔 6개월에 한번 정도 재무설계사의 관리를 받을 필요가 있다.

　고객의 재무적 상황은 지속적으로 변한다. 즉 고객의 재무적 니즈와 문제점은 삶을 지속하면서 계속 발생한다는 것이다. 따라서 재무설계사의 지속적 관리를 받을 수 있다면 고객은 돈의 효과적 사용을 통해 돈의 흐름을 원활하게 만들면서 자산의 축적과 보전을 획기적으로 만들 수 있기 때문이다.

　캐나다 토론토의 방송사인 CITY TV의 한 금융회사 광고에 이런 내용이 나온다.

> 니콜(고객) "안녕, 스티브씨. 저 니콜인데요. 최근에 승진하면서 급여가 좀 올랐어요."
>
> 스티브(재무설계사) "아. 축하드려요. 대단하신데요!"
>
> 니콜 "제가 스티브씨 만나서 재무설계 업데이트를 받아야 할 것 같아요. 소득 부문에 변화가 생겼으니 발생된 소득으로 무엇을 하는 것이 좋을지 전문적 조언을 좀 듣고 싶어서요."
>
> 스티브 "아, 그러세요. 제가 이번 주 목요일이나 금요일 오후쯤 시간이 괜찮은데 시간 괜찮으시겠어요?"
>
> 니콜 "네. 저는 목요일 오후 2시쯤 가능한데요. 스티브씨는요?"
>
> 스티브 "그러시면 그 시간으로 하시구요. 제 사무실로 오시겠습니까?"
>
> 니콜 "네 그러죠. 그날 뵈요. 수고하시구요."
>
> 스티브 "알겠습니다. 그날 뵙죠. 준비해 놓겠습니다. 다시 한번 승진 축하드려요!"

이러한 재무설계 업데이트의 중요성에 대한 인식이 아직까지 한국 사회에 저변화되어 있진 않다. 하지만 저력있는 한국의 빠른 트렌드를 생각할 때 한국사회도 이같은 현상이 퍼지는 것은 그리 멀지 않아 보인다.

하여튼 고객의 소득뿐만이 아니라 부채, 가족상황 변화, 새로운 주택 구입, 승진, 새로운 재무적 니즈가 발생할 때마다 고객은 담당 재무설계사를 찾아야 한다는 것이다. 하지만 인식도가 적은 상황을 감안하면 금융상품 상담인/재무설계사는 지속적 고객관리를 이러한 방식에 의해 시행했을 때 고객의 만족도와 신뢰는 높아지는 것은 당연지사일 것이다. 새로운 비즈니스의 출발점은 지속적 고객관리라는 명제를 잊지 말기를 바란다.

지금까지 고객개발(Client Development) 프로세스와 관련된 내용을 논해 왔는데 여러분들의 정리를 위해 프로세스별로 반드시 알아야 할 내용을 요약해 보도록 한다.

고객개발 프로세스

전화 접근시

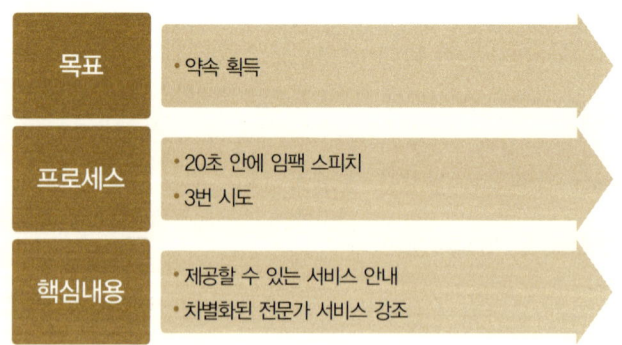

초회 면담시

목표
- 즉각적 니즈 찾기
- 재무진단 서비스 유도

프로세스
- 본인 소개, 회사 소개
- 서비스 안내
- 프로세스 안내

핵심내용
- 즉각적 니즈 – 세일즈 유도
- 재무진단 – 전문가의 진단서비스 강조
- 재무진단의 중요성 강조

재무 진단시

목표
- 잠재고객의 현 재무상태 파악
- 재무적 니즈 파악
- 재무적 문제점 확인

프로세스
- 각 단계별 진행 목적 안내
- 고객의 목적 및 니즈를 찾기 전에 먼저 현재 상태 파악
- 고객의 Wish 및 목적 듣기
- 현 포트폴리오 확인

핵심내용
- 고객에게 많은 설명은 금물
- 의사가 환자 진단할 때 처럼 질문 위주의 상황 전개
- 꼭 필요한 부분만 간단 설명
- 프레젠테이션 때를 기다리도록 여운을 남겨라

프레젠테이션시

목표
- 인생 전반에 걸친 재무적 상황 발생 및 예측 안내
- 고객의 상황에 맞는 문제점 도출 및 솔루션 안내
- 제시된 솔루션을 실행토록 유도

프로세스
- 준비된 프레젠테이션 자료대로 단계별 안내 실시
- 문제점 별 문제점 인식 유도
- 문제점 해결의 중요성 강조
- 3가지 객관적 포트폴리오 제안 및 고객 직접 포트폴리오 선정 유도

핵심내용
- 고객의 문제점 인식
- 문제점 해결의 전문가적 솔루션 제안
- 제안 솔루션의 필연적 시행 유도
- 상품은 이 단계와 클로징 단계에서만 언급

클로징

목표
- 제안된 솔루션 실행
- 솔루션 실행의 당위성 강조

프로세스
- 제안된 솔루션의 즉각적 실행 유도
- 강한 임팩 스피치
- 스토리 셀링 기법 및 직업적 철학이 기반된 푸시가 필요
- 확신 기반의 셀링

핵심내용
- 제안을 만들어 낸 FP의 확신이 가장 중요
- 제안 실행의 중요성 인식에 스피치가 관건

국제 금융계 매력의 스타일리스트 차재혁 CFP의 **금융 비즈니스 성공 바이블**

Chapter 04

매력의 스타일리스트
_ 커뮤니케이션 기법

01 한마디로 고객의 마음을 사로 잡는다 – 잠재고객 인터뷰 기법

02 연기자같은 프레젠테이션을 위한 커뮤니케이션 계획

03 유명 강사같은 대화능력 향상을 위한 언어선택 기법

04 대화력이 좋은 재무설계사는 질문과 듣기에 능하다

05 전문가로서의 이미지 프로젝팅

06 매력적인 자기 소개 비법

한마디로 고객을 사로잡는다 – 잠재고객 인터뷰 기법

사람을 상대로 지식을 전달하고 무형의 컨설팅을 해서 수익을 만들어 내는 비즈니스를 우리는 컨설팅 비즈니스라 한다. 일반적으로 변호업, 회계업, 재무컨설팅업 등이 여기에 해당된다.

유형의 상품을 판매하는 것이 아니라 무형의 상품이나 서비스를 판매하는 비즈니스는 컨설턴트의 커뮤니케이션 능력이 상당히 중요하다. 대화능력을 통해 모든 서비스가 제공되어 지기 때문이다. 성공한 독립 금융사업가들은 대부분 대화능력이 탁월하다. 이는 선천적으로 언변이 뛰어난 사람도 있지만 후천적으로 개발된 경우가 더 많다. 따라서 필자는 금융컨설팅에 관련된 커뮤니케이션 기법에 대해 전하고자 한다.

여러분이 한마디로 잠재고객을 사로잡기 위해선 인터뷰에 필요한 모든 것들을 훌륭하게 세팅하는 것으로부터 시작된다. 인터뷰 장소의 설정, 대화기법의 습득화, 비즈니스 복장과 프레젠테이션 세팅까지 완벽하게 연기화 되어야 한다. 따라서 금융상품 상담사/재무설계사는 잠재고객을 만나서 고객을 만드는 순간까지 비즈니스 모드에 돌입되는 순간부터 연기자가 되어야 한다. 본인의 선천적 성격이나 언변보다는 잠재고객을 고객으로 만들기 위해 다양한 감성적 논리적 대화기술을 자연스럽게 연출함으로써 좋은 결과를 만들어 내야 하는 것이다.

세계적 명성의 뮤지컬 "캣츠(Cats)"를 보면 모든 연기자들이 고양이같은 복장을 입고 각자의 역할에 맞는 연기를 하는 것을 볼 수 있다. 클라이맥스에서는 유명한 노래와 함께 스토리를 전개하는 방식이 관객들을 몰입시키면서 관객의 감성을 자극시켜 눈물과 함께 무엇인가의 느낌을 전달받기에 충분할 정도로 훌륭하다.

이 정도의 유명한 뮤지컬을 만들어 내기까지 연기자들은 어떠한 준비를 해 왔을까? 한번 생각해 보라. 대본을 받고 연기자 본인의 역할에 몰입되어 연기를 하는 순간은 역할 인물이 되서 연기를 하는 것이다. 수많은 대본 연습과 연기 연습을 통해 관객들에게 자연스러운 연기력을 뮤지컬 안에서 보여주게 되고 관객에게 감동의 메시지를 전달한다.

마찬가지로 세일즈 인터뷰도 뮤지컬에서 연기하는 연기자들과 같은 방식으로 전개해야 하는 것이다. 잠재고객에게 감동을 전달할 수 있어야 한다는 것이다. 이를 하기 위해 무엇을 어떻게 해야 하는지 알아보기로 하겠다.

첫째, 잠재고객을 만나는 장소 선정에 유의해라. 인터뷰를 하기에 적합한 장소를 선택해야 프로세스 전개를 성공시킬 수 있다. 인터뷰를 하기에 적합한 장소는 잠재고객과 여러분이 타인의 방해를 받지 않고 서로간의 대화에 몰입할 수 있는 조용한 장소이다. 여러분의 사무실로 잠재고객을 안내하는 것이 최상이다. 왜냐하면 인터뷰를 하기에 적합한 장소가 여러분들의 사무실에 마련되어 있을 것이고 필요에 따라 여러분을 도와줄 전문가들이 사무실 안에 있고 또한 여러 가지 자료와 시설이 준비되어 있기 때문이다. 하지만 만약에 그렇게 하지 못할 상황이라면 인터뷰에 적합한 장소를 사전에 알아보고 잠재고객을 안내하여야 한다. 사람들이 많은 식당이나 카페같은 장소는 피하라. 사람들에게 방해받지 않고 몰입할 수 있는 장소 선정이 성공의 키임을 잊지 말자.

둘째, 잠재고객의 배우자를 프로세스에 참여시켜라. 다음 도표를 참고하자. 대부분 부부관계에 있어 경제권을 여자가 갖고 있는 경우가 다반사다. 따라서 잠재고객이 남자인 경우 아내를 참석시키는 노력을 해야 할 것이다. 프로세스를 따라 남자인 잠재고객이 모든 제안에 동의했다고 하더라도 차후 아내의 반대에 의해 결과가 달라지는 경우가 아주 많기 때문이다.

구분	남편이 구매할 확률	남편이 구매하지 않을 확률
아내가 호의	78%	22%
아내가 반대	8%	92%

초회 면담시 대화기법

잠재고객과 처음 만났을 때엔 인터뷰 과정에서 거절 처리가 많은 것이다. 따라서 여러분은 잠재고객을 거절을 어떻게 처리할 것인지 사전에 준비해 놓는 것이 좋다.

    처음 만나서 대화를 시작할 때 재미있고 호기심 가는 대화 주제를 잘 만들어서 잠재고객을 흥미롭게 해야 한다. 흥미로운 주제는 잠재고객이 관심을 갖고 있을만한 질문을 몇 가지 하므로 인해 쉽게 알 수 있다. 그리고 대화의 방향을 흥미로운 주제 쪽으로 몰고 감으로 인해 상호간의 장벽을 무너뜨릴 수 있으며 공감대 형성에 성공할 수 있다. 처음부터 여러분이 제공하는 서비스나 상품에 대해 바로 대화의 방향을 잡아간다면 잠재고객의 생각은 다른 쪽에 가 있을 것이다. 그들은 여러분의 이야기를 듣지 않을 것이다.

    여러분들의 잠재고객이 여러분의 이야기에 관심을 갖고 집중할 수 있도록 대화를 이끌어 가야 한다. 따라서 공감대를 형성할 수 있는 사적인 이야기로 장벽을 없앤 다음 여러분이 제공할 수 있는 서비스에 대해 이야기를 풀어라. 여러분이 제공하는 서비스에 대해 이야기를 전개할 때엔 논리적인 지식을 전달하려 하지 말고 잠재고객이 생각해 볼 수 있는 질문들 위주의 대화기법이 필요하다. 이 때 토론에 사용할 수 있는 차트나 그래픽 등 시각적 자료를 미리 준비하는 것이 효과적일 것이다.

대화를 나누면서 여러분은 반드시 편안하고 자신감있는 대화기법을 사용해야 다음 프로세스가 연결된다는 사실을 절대 명심하기 바란다.

재무진단시 대화기법

여러분들은 잠재고객의 재무적 니즈를 만들어 내기 위한 정보를 수집하는 것 외에 잠재고객을 진실로 도우려 한다는 느낌을 이 시점에 전달할 수 있는 대화기법이 중요하다. 단순히 상품판매를 위해 이러한 일을 진행하고 있다는 느낌을 잠재고객이 갖는다면 재무진단은 제대로 이루어지지 않을 것이기 때문이다. 따라서 잠재고객의 생활을 이해하고 그들의 생각하에서 무엇인가를 도우려 한다는 느낌을 잠재고객이 받을 때 그들은 비밀스런 정보를 여러분에게 오픈할 것이다.

잠재고객으로부터 정보를 얻어내는 기법

1. 직접 기법(Direct Method)

잠재고객	나는 사망시에 내 모기지를 지불하기 위해 현금을 지급해 주는 생명보험의 가치를 중요하게 느끼고 있지만 현재 사망시 발생하는 모기지 지불문제를 해결할 수 있는 만큼의 생명보험은 충분히 갖고 있어요.
상담사	생명보험의 가치를 알고 계시니 다행이십니다. 얼마나 생명보험을 갖고 계십니까?
잠재고객	약 8천만 원 정도요.
상담사	회사에서 보장해 주는 생명보험은 없으신가요?
잠재고객	3천만 원 정도 회사에 근무하는 동안 보장되는 것으로 알고 있고 아까 말씀드린 8천만 원에 포함되어 있습니다.

상담사	그렇다면 5천만 원 보장금액은 두개에서 3개 정도의 보험증권으로 구성되어 있겠네요. 어떤 종류의 생명보험을 갖고 계신지 알고 계신가요?
잠재고객	네. 어떻게 아셨어요? 1천만 원은 정기보험이고 4천만 원은 종신보험을 갖고 있습니다.
상담사	그렇습니까? 그러면 8천만 원은 같은 수익자에게 지불되도록 해 놓으셨습니까?
잠재고객	예. 그렇습니다.
상담사	선생님 수입의 몇 % 정도가 보험료로 지불되고 계신지요?
잠재고객	잘 모르겠습니다만 일년에 150만 원 정도 지불하고 있습니다.
상담사	선생님 수입의 약 5% 정도 될까요?
잠재고객	글쎄요. 아마도 그 정도 될 것 같네요.

상담사의 대화기법을 자세히 보면 잠재고객의 거절처리에 전혀 상관없이 상담사는 직접적으로 자신감 있게 잠재고객의 위험보장에 대해 다양한 질문을 던져 잠재고객을 본인도 모르게 대화에 몰입시켰다. 이 같은 직접 기법은 상담사가 자신감 있고 확실한 비즈니스 매너로 질문을 던졌을 때 항상 성공적인 결과를 가져온다.

2. 확인 기법

확인기법은 금융상품 상담사/재무설계사가 이미 잠재고객에 대한 정보를 어느 정도 갖고 있을 때 사용하는 방법이다. 대부분 소개를 받은 고객을 만날때 확인기법을 이용해 더 많은 정보를 얻을 수 있다.

상담사	선생님! 홍길동 고객님께서 작년에 암 캠페인에서 선생님과 함께 일하셨다고 말씀하였습니다. 제가 얼마 전에 홍길동 고객님의 위험관리 포트폴리오를 검토해 드린 적 있었는데 그분께서 제 제안에 상당히 만족해 하셨었습니다. 저는 선생님께서 생명보험이 필요하신지는 잘 모르겠으나 홍길동 고객님과 같은 위험관리 포트폴리오 검토를 한번 받아 보시면 굉장히 만족하실 것으로 생각됩니다. 상품구매에 대한 부담은 전혀 갖지 않으셔도 되니 한번 검토 받아 보시겠어요?
잠재고객	제가 검토 받아 보는 것은 문제가 아니지만 지금 현재 제가 갖고 있는 보험상품 유시하는 것도 너무 힘들기 때문에 시간낭비만 하시게 될 텐데요.
상담사	선생님! 솔직히 저와 다른 방식으로 느끼고 계셔서 놀랐습니다. 어쨌든 선생님께선 사랑하는 사모님과 소중한 2세가 태어나서 가장으로써 책임이 증가되고 있는 시점이고 사업에 대한

> 부담감도 있으시잖아요.
> 선생님께선 지금 현재 보장자산에 대한 필요성을 느끼고 계시지 않지만 예전에 마지막 생명보험 구입을 하실 때 생각을 한번 해 보시죠. 위험이 점점 증가되고 있기 때문에 가까운 미래에 생명보험에 대한 필요성을 느끼실 텐데 하여튼 제가 제공하는 서비스에 대해 말씀은 드리고 싶습니다.
>
> **잠재고객** 어떤 서비스를 말씀 하시는건지요?

위의 대화에서 볼 수 있듯이 확인 기법은 이미 알고 있는 정보를 이용하여 더 많은 정보를 얻어내면서 초회면담을 자연스럽게 재무진단으로 연결하는 좋은 방식이다.

3. 프로그램 기법(Planning Process 기법)

프로그램 기법은 잠재고객을 전혀 알지 못하는 상태와 소개를 받기는 했지만 소개자의 영향력이 거의 없을 때 사용하는 가장 좋은 방식이다. 재무진단 서비스를 소개하고 이미 이전에 언급한 고객개발 프로세스대로 잠재고객과 단계를 밟아 가면 된다.

연기자같은 프레젠테이션을 위한 커뮤니케이션 계획

연기자와 같은 멋있는 프레젠테이션을 하고 싶다면 연기자들이 대본을 갖고 외워서 연습하고 리허설을 통해 연기자 본인의 몸에 체득하여 자연스러운 연기가 나오듯이 여러분들도 잠재고객의 프로파일에 맞는 프레젠테이션 대본(Script)을 만들어야 한다. 대본을 만들어서 외우고 꾸준히 연습하여 잠재고객들과 대화를 해 본다면 시장에서 배우는 여러 가지 경험들이 쌓이게 되고 이는 더 좋은 대본을 만들어 내게 된다.

지속적인 대본의 업데이트는 시간이 흐르면서 여러분을 전문가다운 대화능력을 가진 비즈니스맨으로 바꾸어 놓을 것이다. 이러한 연기자와 같은 멋진 프레젠테이션 능력의 배양은 여러분들에게 상당한 비즈니스 생산성 증가를 가져오게 될 것이다.

잘 정리된 프레젠테이션의 중요성

여러분들의 프레젠테이션은 잘 계획되고 정돈된 상태로 진행되어져야 한다. 이러한 정돈되고 전문가다운 프레젠테이션은 비즈니스 클로징에 강력한 효과가 있기 때문이다. 성공적인 프레젠테이션을 하기 위해선 잠재고객에게 생각을 해 볼 수 있는 질문들, 기술적 문제에 대한 간단한 설명, 모티베이션을 줄 수 있는 스토리, 거절처리에 대한 잘 정리된 대응방안들 그리고 효과성을 높이는 시청각 자료들이 필요하다.

잘 계획되고 정돈된 프레젠테이션은 여러분에게 자신감을 심어준다. 왜냐하면 프레젠테이션을 할 때 무엇을 다음에 이야기해야 하는지 이미 알고 있고 결정적 큰 실수를 막을 수 있으며 논리적 순서대로 올바르게 일을 처리할 수 있기 때문이다. 이는 여러분의 비즈니스의 생산성을 극대화시킬 수 있게 해 준다.

효과적 프레젠테이션을 위한 마인드 셋업 및 요건

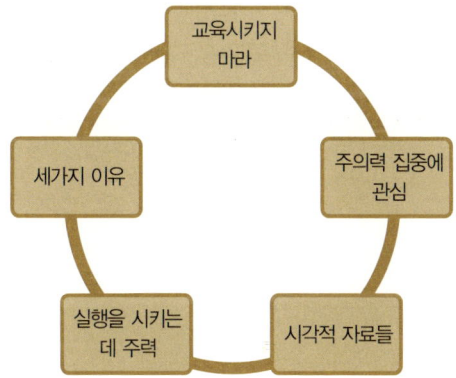

잠재고객에게 프레젠테이션을 할 때 조심해야 할 점은 여러분은 비즈니스맨이란 사실이다. 프레젠테이션시 주의해야 할 점은 다음과 같다.

첫째, 지식을 전달하고 교육시키려 하지 말아야 한다. 이러한 방식은 잠재고객의 마인드를 변화시키지 못한다. 여러분은 잠재고객에게 깨닫지 못하는 것을 깨닫게 해주고 깨달은 후 실행하지 못하는 것을 실행하게 해 주는 모티베이터가 되어야 한다. 절대 교육자가 되어선 안된다.

둘째, 프레젠테이션을 할 때 일반적으로 잠재고객들은 3분이 지나면 집중도가 떨어지기 시작한다. 또한 프레젠테이션이 일방적으로 되어선 안된다. 쌍방 대화가 되어야만 성공도가 높아진다. 따라서 잠재고객을 프레젠테이션의 청강자가 아니라 토론자로 만들어야 하는 것이다. 이 방식을 따르면 잠재고객은 공감대를 형성하기 쉽고 여러분의 이야기에 귀를 기울일 것이다.

셋째, 시각적 자료를 효과적으로 이용하라. 시각 자료는 잠재고객에게 이해도를 높이고 동기부여를 주는 것을 돕는 효과가 있다. 숫자를 이용하는 것은 무형의 가치를 유형의 가치처럼 느껴지게 하는 아주 좋은 방법이다.

넷째, 잠재고객에게 즉각적 실행을 시키는 클로징 대화기법을 사용하라. 예를 들어 노후설계 프로그램을 만들고 연금 포트폴리오를 제안했다면 마지막으로 이러한 말을 써보자.

"선생님께서 편안한 노후를 즐길 수 있는 은퇴소득을 원하시죠. 그렇지 않습니까?"

여러분이 제안한 포트폴리오에 따라 다양하게 클로징 대화기법을 만들기 바란다.

다섯째, 여러분이 제안한 상품 포트폴리오를 잠재고객이 지금 선택해야만 하는 세 가지 이유를 제시하라. 만약에 여러분이 잠재고객과 대화한 모든 내용을 토론하려 하면 잠재고객은 완전히 혼란스럽거나 지루해 할 것이다.

따라서 여러분의 잠재고객에게 가장 적합한 것을 선택하도록 안내해 주고 여러분의 해결책을 선택해야만 하는 세 가지 이유를 알려주고 지금 당장 구입해야하는 세 가지 좋은 이유를 제시하는 것은 잠재고객의 확신감을 상승시켜주는 아주 훌륭한 방법이다. 즉각적 실행을 위한 세 가지 니즈, 세 가지 해결책 그리고 세 가지 이유는 잠재고객들에게 쉽게 기억되어질 것이다.

유명 강사같은 대화능력 향상을 위한 언어선택 기법

커뮤니케이션 즉 대화란 무엇인가?

쉽게 정의한다면 말하고 듣는 것이다. 좀 더 깊게 말하자면 가능한 한 최상의 해결책을 찾기 위해 상호간의 공감 하에 생각들을 공유하고 사실들을 주고받는 것에 관여된 모든 당사자들 사이의 토론이라 할 수 있다.

대화(Communication)의 형태

상기 그림과 같이 커뮤니케이션의 형태는 정보, 교육, 상호작용 이렇게 3가지로 나누어 볼 수 있는데 대화자가 커뮤니케이션의 형태를 어떻게 가져가느냐에 따라 비즈니스의 결과는 많이 달라진다.

첫 번째, 정보 커뮤니케이션

정보 커뮤니케이션은 사실과 아이디어의 명확한 전달 즉 대화자끼리 정보를 주고받는 형태를 의미한다. 정보 커뮤니케이션의 형태를 띤 대화는 명확성 부족과 정보를 받는 상대방의 이해도에 따라 커뮤니케이션 실패의 결과를 가져올 수 있다.

예를 들어 여러분이 잠재고객에게 금융세제에 대해 자세히 설명하지 않고 그냥 "이 상품이 절세에 좋습니다."라고 말한다면 잠재고객은 무슨 이야기인지 명확하게 이해하지 못하고 마음속으로 실행해야겠다는 생각이 절대적으로 생기지 않는다. 따라서 논리적인 지식을 세상의 실제 상황에 맞게끔 정보를 잘 각색해서 설명하는 방식이 중요하다.

두 번째, 교육 커뮤니케이션

고객개발(Client Development) 프로세스를 통해서 여러분은 잠재고객과 수차례의 인터뷰를 진행하게 된다. 이 과정 속에서 잠재고객들은 여러분이 제시하는 새로운 컨셉, 아이디어와 해결책을 듣게 된다.

만약에 그들이 여러분의 추천과 제안을 기꺼이 무조건 받아들이지 않는다면 잠재고객들에게 여러분들의 제안을 충분히 이해시켜야 한다. 그렇게 해서 여러분들의 추천 포트폴리오에 대한 이유에 대해 납득이 가게끔 만들어야 한다. 이러한 교육 커뮤니케이션은 여러분들의 강좌가 아니라 쌍방 간의 토론을 통해서 가능해 진다는 사실에 주목해야 한다. 바로 설득의 미학이 필요한 것이다.

세 번째, 상호작용 커뮤니케이션

이전 글에서 보았겠지만 여러분의 임무는 잠재고객의 니즈를 알아내고 뭔가 생각할 수 있는 질문을 던져 주위를 환기시키고 동기부여를 하며 잠재고객의 재무적 목적을 성취할 수 있도록 그들의 마음을 움직여 행동시키게 하는 것이다.

이러한 여러분의 임무를 달성하기 위해 여러분은 다음과 같은 4가지 방식으로 잠재고객과 대화할 수 있다.

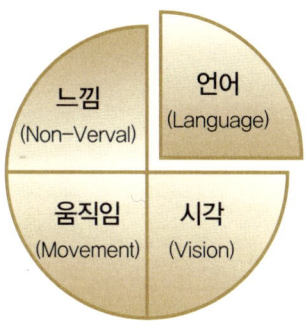

언어적 대화 방식은 말하기와 글쓰기로 잠재고객과 대화하는 것이고 시각적 대화방식은 그래프, 그림, 차트 그리고 스케치같은 방식으로 대화하는 것이다. 그리고 움직임의 대화방식은 제스처와 얼굴 표정을 이야기 하는 것이며 느낌의 대화방식은 여러분의 복장, 매너, 자신감, 성격 그리고 이미지로 대화하는 것이다.

이러한 4가지 방식의 대화방식을 잠재고객과의 인터뷰에서 어떻게 적절하게 조화시켜 상황에 맞는 토론을 할 수 있느냐가 커뮤니케이션 비즈니스의 성공을 좌지우지한다고 볼 수 있다. 여러분 본인에 맞는 대화방식을 찾을 때까지 많은 연구와 노력이 필요할 것이다.

여러분이 잠재고객과 대화할 때 여러분 자신을 중심적 놓고 대화를 시도한다면 여러분의 많은 노력은 수포로 돌아갈 것이다. 잠재고객의 관심사에 목적을 두고 대화를 시도한다면 여러분의 설득력은 상당히 개발되어질 것이다. 따라서 모든 관심사를 여러분 자신에서 잠재고객 또는 고객의 관심사로 여러분의 자세를 바꾸는 것이 비즈니스에 있어 첫 번째 해야 할 일이다.

잠재고객/고객과의 대화를 성공적으로 이끄는 요소

잠재고객/고객과 신뢰를 형성하면서 편안한 대화를 성공적으로 하기 위해선 5가지의 기법이 필요하다. 이 5가지 기법에 대해 상세히 설명해 보도록 하겠다.

- 공감대를 형성하라
- 흥미유발을 시켜라
- 잠재고객의 언어로 이야기 하라
- 상황에 맞는 단어를 사용하라
- 긍정적 언어를 사용하라

첫째, 공감대를 형성하라

누구나 새로운 사람을 만났을 때 "나랑 대화가 통하는 사람이야. 그 사람 괜찮아?"라는 말을 해 본 적이 있을 것이다.

한번 밖에 안 만났는데, 여러분은 대화가 통하는 사람이라고 그 사람을 어떻게 알겠는가? 아마도 이유는 상호간에 공감대 형성이 잘 되는 대화를 했었을 것이다.

대화를 잘하는 대부분의 사람은 공감대 형성을 잘하는 사람이다. 이들은 대화의 주제를 본인이 아니라 상대방의 입장에서 대화를 잘 이끄는 특징이 있다. 하지만 비즈니스맨으로써 대화력이 부족한 사람은 무조건 실패하는가? 아니다. 그렇지 않다. 왜냐하면 공감대를 형성할 수 있는 능력은 선천적인 것이라기보다는 후천적으로 대부분 얻어지는 것이기 때문이다.

여러분은 각기 다른 생활상황에서 공감대를 형성하는 방법을 연습할 수 있고 성공하려면 연습해야만 한다. 많은 연습이 여러분의 대화능력을 누구를 만나더라도 공감대를 잘 형성하는 그런 습관적 능력으로 바꾸어 줄 것이다. 공감대를 잘 형성하는 능력을 배양하기 위해 다음과 같은 연습을 해 보길 권유한다.

여러분들의 배우자 또는 친구에게 생일날 "무슨 선물을 하며 그/그녀가 정말 행복해 할까?" 하는 상상을 한번 해보기 바란다. 그리고 여러분들의 자녀가 "이번 주말에 무엇을 해주면 굉장히 즐거워 할까?" 하는 생각을 해 봐라. 이 책을 읽는 독자는 아마도 필자가 무슨 의도로 이러한 아이디어를 주는지 알 것이라 생각한다.

둘째, 흥미유발을 시켜라

잠재고객을 처음 만났을 때 서로 간에 낯설 것이다. 따라서 보이지 않는 서로간의 장벽이 많이 존재하고 있다. 이때 여러분들은 흥미유발을 시킬 수 있는 여러 가지 말이나 제스처를 통해 이 보이지 않는 만리장성을 제거할 수 있다. 잘 계획된 자연스러운 여러분들의 재미있는 제스처는 잠재고객의 주의를 끄는데 상당한 효과가 있다.

셋째, 잠재고객의 언어로 이야기 하라

우리 비즈니스는 아이디어를 공유하고 사람들을 행동할 수 있도록 동기부여를 주는 일이다. 따라서 상황에 적합한 시간에 올바른 아이디어를 사용하는 것이 아주 중요하다.

여러분이 잠재고객에게 동기부여를 강하게 주고 고쳐시켜서 확실하게 행동을 시키기 위해선 이러한 아이디어를 사용하는 것이 매우 중요하다는 사실 잊지 말기를 바란다. 따라서 여러분이 잠재고객의 언어로 이야기 한다면 여러분의 제안과 아이디어는 잠재고객에게 쉽게 이해 될 것이다.

넷째, 상황에 맞는 올바른 단어를 사용하라

우리말에 이런 말이 있다.

"아" 다르고 "어" 다르다는 말.

같은 의미를 어떻게 사용하느냐에 따라 말을 듣는 사람의 느낌이 다르다는 것이다. 같은 말이라면 좋게 하란 말이 있는 것도 같은 뜻이다. 여러분은 비즈니스맨이기에 단어를 잠재고객에게 얼마나 올바르게 사용하느냐에 따라 여러분의 비즈니스 생산성은 현저하게 달라진다.

다섯째, 긍정적 언어를 사용하라

만약에 여러분이 잠재고객과 인터뷰를 진행하는 과정에 있어 항상 비즈니스 프로세스 연결에 문제가 있다고 판단되면 다음과 같은 대화기법 상의 문제점이 있는지 확인해 보길 바란다.

부정적 언어	긍정적 언어
죄송한데 선생님께 몇가지 질문을 드려도 될까요?	선생님, 생년월일이 어떻게 되시죠?
선생님께서 저를 도와주실 마음이 있으신지 궁금하네요.	저는 선생님의 도움이 필요합니다.
지나가다가 들었습니다만…	저는 여기에 선생님을 뵐려고 특별히 시간을 내서 왔습니다.
제가 무슨 말씀을 드리고 있는지 이해하시겠어요?	정확히 이해되시죠?
선생님께서 사망하신다면…	선생님께서 사망하셨을 때…
이거 하시겠어요?	선생님께서 이것을 하실 때…
선생님 이 계획 좋아하십니까?	어떤 계획이 더 좋으신가요?
만약 선생님께서 저에게 완벽한 정보를 주지 않으신다면 저는 선생님을 도와드릴 수 없습니다.	선생님께 가장 가치있는 제안을 드리기 위해선 저는 선생님과 관련된 약간의 정보가 필요합니다.
Bad!	*Good!*

커뮤니케이션 부족의 해결책

첫째, 주의력 부족

만약에 여러분이 잠재고객과의 인터뷰에서 주의력이 부족해서 지속적 실패를 갖고 있다면?

해결책
- 목소리 톤을 바꾸어라.
- 질문을 자주 던져라.
- 주의를 끌 수 있는 제스처를 사용하라.

둘째, 호기심 부족

해결책
- 상품의 특징이 아니라 받을 수 있는 혜택에 대해 이야기하라.
- 대화전달의 상황을 바꾸어라.
- 시각적 자료를 보여 주어라.
- 잠재고객의 열정적 참여를 유도하라

셋째, 자신감 부족

대화시 여러분이 자신감 있게 대화를 이끌지 못할 경우엔 잠재고객의 신뢰를 이끌어 올 수 없다. 따라서 이 경우엔 다음과 같이 행동해 보길 바란다.

해결책
- 여러분이 무엇을 아는지, 왜 이런 대화를 하는지 명백하게 알려주어라.
- 여러분 자신과 서비스에 대해 정확히 알려라
- 3자의 영향력을 이용해라. 소개자의 영향력 이용
- 여러분 서비스의 방향이 잠재고객의 이익이 우선이라는 것을 보여주어라

넷째, 이해도 부족

고객이 여러분의 말을 이해하지 못할 때에는

> **해결책**
> - 상품 포트폴리오의 중요한 특징들을 요약하고, 다른 객관적 시각에서의 전문적인 묘사 그리고 적합한 예를 사용한 프레젠테이션 자료를 사용하기 바란다.

대화력이 좋은 재무설계사는 질문과 듣기에 능하다

상대방에게 호소력 있는 대화의 장을 가져가기 위해선 상대방의 이야기를 잘 들을 수 있는 듣는 자세가 필요하고 적합한 질문을 던질 수 있는 센스가 중요하다.

이야기를 전개하기 전에 존 브릭스(John M.Briggs), Ph.D, CLU의 이야기부터 들어보기로 하겠다.

> 잠재고객의 주의를 얻기 위한 최고의 방법중 하나는 질문을 하는 것이다. 우리가 질문을 할 때 핵심은 주어진 답과 관련이 있다. 여러분의 잠재고객

> 은 질문에 대답하기 위하여 집중을 해야 하고 생각을 해야 할 것이기 때문이다. 만약에 우리가 독단적인 대화를 하고 있다면 잠재고객의 마음은 수천마일 밖에 있거나 우리가 이야기 하는 것에 관한 내용과 부적합한 다른 주제에 신경을 쓰고 있을 것이다.

따라서 좋은 대화를 하기 위해선 여러분은 좋은 질문형 대화를 개발해야 하는 것이다. 필자는 여러분에게 잠재고객에게 생각해 보게 하는 대화를 개발하기 위해선 질문형 언어 즉 "누가?", "언제?", "어디서?", "어떻게?", "왜?", "어떤 것을?", "어떻게?" 라는 말을 사용하라고 권유하고 싶다. 이 중 "왜?"라는 표현은 잠재고객의 의견, 결정과 거절 뒤에 숨겨진 이유를 찾아내는 가장 효과적인 질문법이다. 따라서 잠재고객과의 인터뷰에서 잠재고객의 말 중 숨겨진 의미를 파악하고자 한다면 반드시 "왜 …?"라는 표현을 사용하기 바란다.

여러분은 지금까지 고객개발 프로세스에 대해 배웠다. 고객개발 프로세스에 대해 배우면서 각 프로세스별로 목적이 다르고 해야 할 일이 다르다는 것도 알게 되었을 것이다. 따라서 지금부터 고객개발 프로세스별 대화기법에 대해 사례형 위주로 펼쳐보기로 하겠다.

프로스펙팅시 대화 개발

첫째 잠재고객과의 첫 대면시 자연스럽게 일반 토픽에 대해 이야기하면서 잠재고객이 무엇을 해서 소득을 버는지 알아내라.

둘째 어떤 내용이든 길게 대화를 이끌지 말고 짧게 설명하라.

셋째 공감대 형성 후 커피나 점심 한번 먹자고 제안하라.

넷째 다음 주제를 변화시켜라.

초회 면담시 대화 형태

본 인터뷰에서 여러분의 목적은 잠재고객의 재무적 상태가 잘 정돈된 순서에 있지 않을 가능성을 부각시키면서 잠재고객의 의문점을 끌어내어 느낌의 반전 및 거절을 극복하는 것이다.

예를 들자면 "선생님께서 소유하신 집을 담보로 현재 모기지를 갖고 계시고 모기지 이자를 지불하고 계시는데, 선생님께서 심각한 질병에 걸리신다면 모기지 이자는 어떻게 지불할 생각이십니까? 준비해 놓은 대안이 있으신가요?"

재무 진단시 대화 형태

재무 진단시 여러분은 기술적 질문형 대화에 의해 대부분 잠재고객의 해결되지 않은 니즈를 알아낼 수 있다. 따라서 다음과 같은 질문형 대화를 이끌어 보기 바란다.

> "선생님께서 비즈니스를 운영하시다가 사망하시게 되면 이후 사모님께서 선생님의 비즈니스를 어떻게 운영하실 수 있겠습니까?"
> "만약 선생님께서 신체적 장애상태를 갖게 되신다면 이후 소득대체에 대한 준비는 어떻게 되어 있으신지요?"

프레젠테이션시 대화 형태

프레젠테이션을 할 때엔 잘 계획된 일련의 질문형 대화형태를 이끌 때 잠재고객의 주의를 프레젠테이션으로 끌어 올 수 있다. 따라서 여러분이 제안하는 모든 내용에 집중할 때까지 질문형 대화를 지속해야 한다. 이러한 과정의 결과로써 잠재고객이 여러분의 훌륭한 프레젠테이션에 집중한다면 여러분의 제안은 좋은 비즈니스 결과로 입증되어질 것이다.

> "선생님께선 자녀분들이 대학에 가기를 어느 정도나 원하십니까?"
> "선생님께서 갖고 계신 보장자산으로 인해 얼마나 많이 마음의 평화에 대해 가치를 느끼십니까?"
> "선생님께서 갖고 계신 현 금융 포트폴리오에 대해 잘못된 점이 있다고 생각하십니까?"

클로징시 대화 개발

클로징시 여러분의 목적은 잠재고객이 동의한 부분에 대해 즉각적 실행을 유도하는 것이다. 이 때 여러분은 여러분이 제안한 모든 부분과 상품 포트폴리오에 대해 확실히 잠재고객에게 아주 유용한 해결책이라는 확신이 있다면 확신치 못하는 잠재고객에게 압박(Pressure)을 가하는 것도 기술이다.

한번 생각해 보라. 의사가 환자를 진찰하고 검사결과를 본 후 수술이 반드시 필요한 환자에게 어떤 식으로 말을 하겠는가? 만약 환자가 난 수술 필요 없다고 고집한다면 의사는 과연 알았다고 그냥 물러서겠는가? 제대로 된 의사라면 절대 그러지 않을 것이다. 그 의사는 환자를 살릴 수 있다는 확신 하에 환자를 설득할 것이다. 마찬가지다.

여러분들이 진정으로 금융 윤리 하에 잠재고객을 재무진단하고 분석하여 나온 해결책이라면 잠재고객이 확신이 없다 해서 물러서면 안 되는 것이다. 의사와 마찬가지로 여러분들은 돈에 관한한 의사이다. 그래서 선진국에서는 여러분 같은 분들을 머니닥터라고 부르는 것이다.

지금부터 여러분들에게 클로징시의 잠재고객에게 해야 할 압박과 관련된 중요한 기법을 기술해 보도록 하겠다.

클로징시 여러분들의 일은 잠재고객에게 제안된 사항을 잠재고객이 즉각적으로 실행하도록 적합한 압박을 가하는 것에 집중해야 한다. 만약 여러분이 잠재고객에게 지금 실행하도록 설득하지 않는다면 여러분은 그들을 돕는 것이 아니다.

듣기의 중요성

영어식 표현으로 Hearing과 Listening의 차이를 아는가?

사실 한국말로 하면 구체적 표현이 쉽지는 않지만 이 두 단어는 확연히 다른 의미를 갖고 있다. 대화에 있어 listening은 그냥 말하는 것뿐만 아니라 상대방이 이야기하려는 의도를 듣기 위하여 상대방의 입장에서 이해하려는 집중적 시도라 말할 수 있다.

만약에 여러분이 잠재고객이 말하려 하는 의도를 이해하는 데 실패한다면 여러분의 비즈니스는 성공궤도에 올라가지 못할 것이다. 왜냐하면 대화가 원활하게 진행되지 않았기 때문이다. 따라서 여러분은 반드시 좋은 듣기 습관을 가져야 한다.

자, 지금까지 훌륭한 대화자가 되기 위해 프로세스별 대화방법에 대해 이야기 해 왔는데 지금부터는 마지막으로 좋은 비즈니스 인터뷰를 어떻게 하면 되는지 기술해 보도록 하겠다.

잠재고객과 좋은 인터뷰를 하기 위해선 다음과 같은 대화기술을 습득해야 한다.

첫 번째, 잠재고객의 관심에 집중하여 잠재고객의 입장에서 생각하라

만약 여러분이 듣기보다 말하는데 집중한다면 여러분은 잠재고객의 상황을 이해하는데 실패할 것이다. 따라서 잠재고객이 진정으로 원하고 필요한 것을 알아내지 못할 것이다. 여러분이 잠재고객의 생각, 의견과 문제점에 심각한 관심을 표명할 때 상호간에 이해도가 생기고 좋은 고객관계 형성이 만들어진다는 사실을 명심하기 바란다.

두 번째, 인내심을 가져라

종종 잠재고객들은 여러분이 이미 문제점에 대한 올바르고 적합한 답을 갖고 있다고 믿음에도 불구하고 문제점을 해결하지 못하는 해결책에 포인트를 두기 시작한다. 이때 많은 금융상품 상담인/재무설계사들은 참지 못하고 잠재고객의 대화에 끼어들기를 시도한다. 이는 절대 하지 말아야 할 행위이다. 여러분은 이러한 상황에 처했을 때 여러분은 어떻게 준비해 온 아이디어를 그냥 편안하게 설명하는 것을 지속할 수 있을까를 생각해야 한다.

여러분이 이 시기에 생각해야 할 내용은 다음과 같다.

> "잠재고객이 잘못된 개념에 근거하여 이유를 들고 있는 것은 아닌가?"
> "잠재고객이 이슈의 주안점 위에 집중하고 있는가? 혹 딴 길로 빠진 건 아닌가?"
> "잠재고객의 문제점이 잠재고객에 의해 정말 이해되었는가?"

상기와 같은 내용을 점검한 후 잠재고객의 대화상 문제점을 파악하고 이성적으로 대화에 임해야 한다.

세 번째, 수용심이 필요하다

잠재고객과의 대화 도중 상호간의 이해나 개념 차이로 충돌이 나는 경우가 많다. 이 경우 여러분의 자세는 설사 잠재고객이 여러분의 잘 정립된 생각들에 동의하지 않는다고 하더라도 그들의 새로운 아이디어를 수용하라. 여러분은 잠재고객이 호기심을 갖는 내용들에 대해 열린 마음으로 들어야 한다. 그 다음으로 그러한 호기심이나 관심에 대해 이유를 조사해야 하는 것이다.

네 번째, 효과적으로 침묵을 사용하라

여러분이 잠재고객에게 생각을 해야 하는 질문을 했을 때 잠재고객이 답할 때까지 침묵하기 바란다. 여러분들의 침묵은 몇 분간 지속되어야 하고 그들이 먼저 말할 때까지 기다려라. 여러분의 잠재고객이 결국 말문을 트면 여러분은 인터뷰 과정의 어디쯤 가고 있는지 확인하게 될 것이다.

항상 잠재고객에게 그들이 구입할 준비가 되었다는 말을 여러분에게 할 확대된 기회를 침묵기법으로 얻기 바란다. 절대 클로징 시점에 여러분이 상품판매에 대해 먼저 이야기하면 안된다는 점을 기억하기 바란다.

다섯 번째, 적극적으로 참여시켜라

많은 잠재고객들은 그들의 진실한 마음과 느낌을 숨긴다. 여러분은 여러분들의 비즈니스 무대에 잠재고객을 올리기 위해 잠재고객을 인터뷰에 적극 관여하도록 유도해야만 한다. 그들의 입장에서 공감대를 형성하면서 그들의 문제점을 이해한다면 여러분은 성공적인 비즈니스를 할 수 있을 것이다.

여섯 번째, 확실하게 이해시켜라

여러분 본인조차도 여러분이 이해하지 못하는 것을 받아들이긴 어려울 것이다. 따라서 여러분은 여러분이 제안하고 전달하는 모든 사실에 대해 적극적으로 사례를 들어준다든지 또는 좀 더 많은 정보에 대해 질문함으로써 그들을 확실하게 이해시켜야 한다. 잠재고객의 확실한 이해는 여러분들의 신뢰형성과 비즈니스에 상당한 영향력을 행사한다는 것이다.

전문가로서의 이미지 프로젝팅

사람들은 첫 이미지를 중시한다. 낯선 사람과 처음 만날 때 그 사람이 주는 이미지는 상당히 중요하다. 그래서 사회적으로 성형수술을 하는 사람들이 과거에도 그리고 현재도 많은 것이 사실이다. 여러분들은 본 비즈니스를 시작하기 전에 금융 비즈니스맨으로써 어떠한 이미지를 만들 것인가를 심각히 고려하고 자신만의 고유한 이미지를 만들어야 한다. 지금부터 여러분들이 이미지를 만들기 위해 어떠한 일을 해야 하는지 논해 보도록 하겠다.

여러분의 전문가적 이미지를 프로젝트하기 위해선 다음과 같은 요소를 여러분의 성향과 능력 그리고 마켓에 맞게끔 적합화 시켜야 한다.

개인적 성향, 효과적 대화 능력 그리고 훌륭한 지역사회 의식에 의해 여러분의 커뮤니티에서 금융 비즈니스맨으로서의 이미지가 만들어 진다.

첫째, 개인적 특성은 다음과 같은 요소에 의해 이루어진다.

여러분의 외형적 모습에서 나오는 이미지에 여러분의 태도와 자세에서 나오는 매너와 에티켓 그리고 대화능력에서 나오는 흥미와 재미를 더할 수 있는 이 모든 요소가 합쳐져서 여러분의 개인적 특성이 만들어지는 것이다. 또한 이러한 개인적 특성이 다음과 같은 전문 지식과 서비스가 합쳐져서 고객에게 자신감으로 다가서면 전문가적 이미지로 구현되는 것이다.

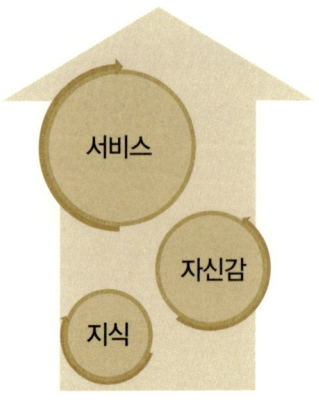

둘째, 효과적 대화방법을 시스템적으로 구축하는 것 또한 여러분의 이미지를 만드는데 아주 중요한 역할을 한다. 전문가적 대화방법은 여러분의 개인적 특성과 합쳐져 여러분을 시장에서 특정 인식으로 인지하게끔 한다. 잠재고객/고객 시장과 대화하는 방식은 다음과 같다.

잠재고객/고객과의 대면시, 전화통화시 그리고 편지나 이메일을 이용한 대화시 어떠한 전문가적 양식과 대화방식을 만들어 낼 것인지를 시스템화하기 바란다. 정형화된 대화방식은 여러분에게 시장으로부터 전문가적 이미지를 받게 될 것이다.

셋째, 훌륭한 지역사회 의식이다.

여러분들이 사는 또는 선택한 지역사회에 대한 공헌은 우리 비즈니스에 있어 상당히 중요한 행위이다. 물론 비즈니스가 목적이 되어 일부러 지역사회에 참여하는 것은 좋지 않다. 사실 우리의 일은 사람의 인생을 설계하고 잠재고객/고객의 삶을 풍요롭게 하며 행복하게 하는 것이 사명감인 일이다. 따라서 지역사회에서의 기부나 자선사업과 같은 일에 참여하는 것은 매우 중요하다.

실제 선진국의 성공한 재무설계사들은 대다수가 성당이나 교회에서의 자선사업, 빈민구제사업, 중대 질병으로 고통받는 아이들이나 환자들을 돕는 사업 등 많은 일에 관여하여 이를 주관하는 이들이 많다. 이러한 훌륭한 일들이 그들의 전문가적 이미지를 구축하는데 많은 도움을 주는 것 또한 사실이다. 여러분들도 여러분이 속한 지역사회에서 펼쳐지는 좋은 일에 적극적으로 참여하기 바란다.

매력적인 자기 소개 비법

처음 잠재고객을 만났을 때 여러분은 자기소개를 매력적으로 할 수 있어야 한다. 처음 보는 사람에게서 신뢰를 끌어오기 위해선 비즈니스적으로 믿음을 줄 수 있는 접근방식이 필요한데, 이 단계에 있어서의 첫단추가 바로 자기소개이기 때문이다. 따라서 지금부터 자기소개를 매력적으로 할 수 있는 비법을 공개한다.

첫번째 여러분이 해야 할 일은 자기를 타인에게 매력적으로 보일 수 있는 30초짜리 광고를 만드는 것이다. 일단 여러분은 자신을 알릴 수 있는 광고문구를 만들어야 한다.

30초짜리 광고 만드는 법

> 첫째, 여러분이 누구인지 써라.
> 둘째, 여러분이 속한 조직에 대해 써라.
> 셋째, 여러분이 하는 일이 무엇인지 써라.

이 광고를 만드는 목표는 다음과 같다.

> 첫째, 잠재고객의 호기심을 끌 수 있는 일련의 질문형 대화법을 만드는 것이다.
> 둘째, 여러분이 잠재고객을 어떻게 도울 수 있는지에 대한 문구를 만드는 것이다.
> 셋째, 잠재고객이 왜 지금 여러분과 함께 프로세스를 밟아야 하는지 느끼게 해 주는 것이다.

여기서 여러분은 여러분이 잠재고객의 호기심을 끌 수 있는 일련의 질문형 대화법을 만들때 다음과 같은 질문을 고려하기 바란다.

> 첫째, 내가 이러한 질문을 하는 결과로써 얻고자 하는 결과는 어떤 정보인가?
> 둘째, 이 질문의 결과로써 내 잠재고객을 잠재고객 프로파일 내의 고객이라 확인할 수 있는가?
> 셋째, 내가 필요한 정보를 얻어내기 위해 하나 이상의 질문이 필요한가?
> 넷째, 내 질문들이 잠재고객으로 하여금 생각하게끔 만들고 있는가?
> 다섯째, 내가 내 경쟁자로부터 차별화시킬 수 있는 질문을 하고 있는가?

상기와 같이 다섯까지 질문을 여러분 본인에게 물어보면서 질문형 대화법을 작성하기 바란다.

질문형 대화법을 개발했다면 다음과 같이 잠재고객에게 여러분의 자기소개시 행동규칙을 기억하고 체득화하기 위해 노력하기 바란다.

체득화해야 할 10가지 자기소개 규칙

> 첫째, 짧게 해라. 절대 1분을 넘겨선 안된다.
> 둘째, 요점을 정확히 이야기 해라.
>   여러분이 잠재고객의 니즈 관점에서 무엇을 할 수 있는지 정확히 창조적으로 이야기 하라.

셋째, 기억될 수 있도록 대화하라.

    잠재고객의 마음에 여운이 남을 수 있는 무언가를 행위로 남겨야 한다.

넷째, 철저히 준비하라.

    여러분이 대화를 주도할 수 있도록 충분히 연습한 후 잠재고객과 만나라.

다섯째, 잠재고객이 충분히 느낄 수 있을 정도의 파괴력 있는 대화를 준비하라.

여섯째, 철저히 경청해서 잠재고객으로부터 여러분이 필요한 정보를 얻어라.

일곱번째, 여러분이 어떻게 잠재고객의 문제점을 해결할 수 있는지 보여 주어라.

여덟번째, 잠재고객을 다음 단계로 연결할 때 반드시 잠재고객으로부터의 동의를 받아라.

아홉번째, 즐겁게 만들어라. 절대 압박을 가하지 마라.

열번째, 이제 여러분이 본 단계에서 해야 할 일을 다한 것이다.

    너무 많은 정보를 주지 마라.

이제 여러분은 자기소개시 어떤 대화를 어떤 방식으로 해야 하는지 알게 되었을 것이다.

지금부터는 잠재고객을 만나서 자기소개를 할 때 행동방식에 대해 이야기 해 보도록 하겠다.

처음 잠재고객을 만났을 때 행동 방침

> 첫째, 여러분의 전문가적 명함을 전달하라.
> 둘째, 자신감있게 악수하라.
> 셋째, 여러분들이 무엇을 하는지 창의적으로 말하라.
> 넷째, 잠재고객이 무엇인가 느낄 수 있도록 여러분이 사전 준비한 질문을 던져라.
> 다섯째, 여러분이 제공하는 서비스와 상품이 잠재고객에게 필요한지를 파악하기 전까지 잠재고객의 관심사에 대해 이야기 하라.
> 여섯째, 여러분의 서비스와 상품이 잠재고객에게 필요성이 있다고 판단되어 졌다면 이제 여러분의 서비스와 상품이 잠재고객에게 어떻게 도움이 될 수 있는지에 대해 이야기 하라.
> 일곱번째, 여러분의 프로세스를 안내하고 다음 약속을 잡아라.

지금까지 여러분에게 자기소개를 하기 위해 준비해야 할 내용과 행동방식에 대해 이야기 해 왔다.

다음은 필자가 사용하는 자기 소개를 할 때의 시각자료를 공개한다. 본 자료를 참고 하여 여러분 나름대로의 자기소개시의 자료를 만들기 바란다.

처음 본 잠재고객에게 가장 중요하게 전달해야 할 내용은 여러분이 믿을 만한 전문가라는 느낌을 주는 것이다. 따라서 여러분의 경력과 자격 및 수상경력에 대해 알리는 것은 매우 중요하다. 또한 이 단계가 끝났다면 여러분이 제공하는 서비스와 프로세스에 대해 이야기 하는 것이 매우 중요하다.

자기 소개를 할 때 처음 해야 할 일은 여러분 자신의 자격과 경력에 대해 이야기 하는 것이다. 따라서 다음과 같은 시각 자료가 필요하다.

귀하의 재무설계사 차재혁 CLU, CFP*, PA

Career Experience
- 현 한국재무설계 FL
- 대한생명 KLD 지점장
- 뉴욕라이프 리쿠르트 총괄 본부장
- Eastwood Private Coun. CEO
- RBC Financial Group PB
- KB은행 행원

Designation
- Certified Financial Planner in Canada
- Chartered Life Underwriter in Canada

Product License
- 변액보험 판매사
- 증권펀드 투자 상담사
- Securities License
- Mutual Funds License
- Insurance Broker

본 작업을 통해 잠재고객은 여러분의 경력상 걸어 온 길을 확인할 수 있고 고급자격이나 상품관련 자격을 통해 여러분의 지식적 부분과 서비스 부분에 대해 예측할 수 있다.

다음은 여러분의 현 모습을 한 그림에 담아 요약해서 여러분 자신을 잠재고객에게 소개하는 것이다. 자신의 현 모습을 그려 주는 것은 신뢰 확보에 아주 중요한 역할을 한다.

다음과 같은 방식을 사용해 보기 바란다.

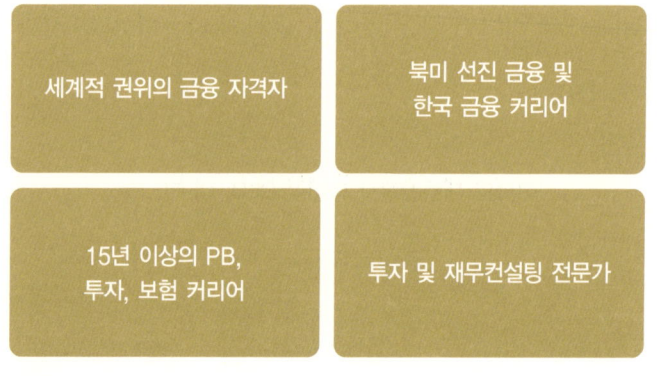

다음 단계에서 여러분이 잠재고객에게 소개해야 할 부분은 여러분이 제공하는 서비스에 대한 것이다. 제공할 수 있는 서비스를 여러분의 능력범위 내에서 선정하는 것이 중요하고 가

장 잘 할 수 있는 부분을 잠재고객에게 알려주는 것 또한 전문성을 암시하는 중요한 대화기법이라 볼 수 있다.

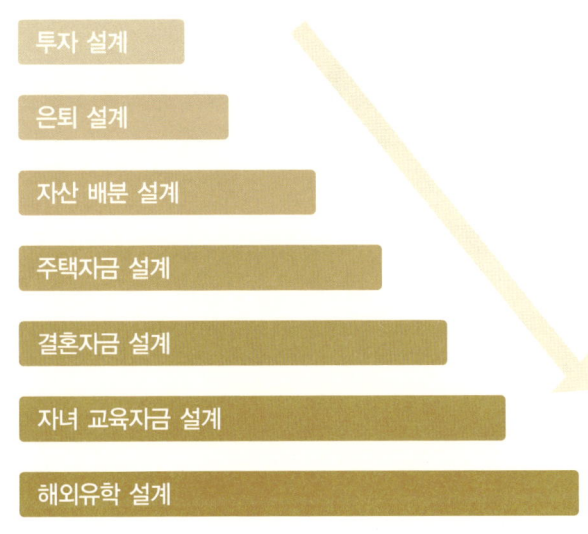

마지막으로 잠재고객에게 전달해야 할 내용은 여러분이 제공하는 재무설계 서비스에 대한 이해도를 높이고 기존 금융서비스와 차이점을 알게 해주며 잠재고객이 얻게 될 혜택에 대해 인식시키는 작업이다. 또한 재무설계서비스 프로세스를 안내함으로써 다음 약속을 잡고 프로세스를 진행시킬 수 있다.

이 단계에선 먼저 재무설계를 해야 하는 이유를 잠재고객이 인식하게 하는 것이다. 다음과 같은 자료를 사용해 보기 바란다.

재무설계를 해야 하는 이유

상기와 같은 절차를 통해 재무설계의 중요성을 이해시켰다면 마지막으로 재무설계 프로세스를 안내하고 다음 미팅약속을 잡아라. 이때 다음과 같은 내용을 사용해 보기 바란다.

재무설계 프로세스 안내

```
재무 진단
  ↓
재무 분석
  ↓
재무 처방전 발행
  ↓
재무 포트폴리오 작성
  ↓
재무 처방에 따른 주기적 검진 실시
```

　지금까지 매력적인 자기소개 비법에서 여러분께 펼쳐온 모든 논리와 프로세스 및 시각자료를 자신의 프로파일에 맞게 각색하여 제대로 사용한다면 고객개발 프로세스는 성공적인 첫 단추를 끼게 될 것이다.

　필자는 여러분이 잠재고객을 만날 때 주의해야 하고 반드시 해야 할 행동양식에 대해 다음과 같이 요약하여 전달하니 잘 주지하여 비즈니스맨으로써의 이미지를 만드는데 도움이 되길 바란다.

고객 터치 핵심비법

고객을 만나기 전

- 복장은 깔끔하게
- 냄새는 좋게
- 시간은 약속시간보다 20분 먼저
- 말투는 전문가답게
- 이동시간동안 전략을 연구할 것
- 고객을 만나는 순간 연기자가 되라

초회 면담시

- 커미션 높은 상품을 팔겠다는 생각을 버려라
- 고객의 니즈를 찾기 전엔 상품 솔루션을 생각할 수 없다
- 고객에게 좋은 이미지를 연출하기 위해 전략을 세워라
- 초회면담의 목적은 즉각적 니즈 발견 또는 재무진단 프로세스 유도에 있다
- 반드시 20분 이내의 시간만 사용해라
- 여운을 남겨라

재무 진단시

- 목적은 고객의 재무 목적과 니즈를 발견하는 것이다
- 상세한 설명은 금지
- 프리젠테이션 때를 고객이 기다리도록 여운을 남겨라
- 고객의 재무목적이 없다면 목적을 만들도록 컨설팅해라
- 너무 길지 않도록 각 항목마다 진행사유를 미리 알려줘라
- 항상 명료하며 깔끔한 말투를 사용해라

프레젠테이션시

- 재무진단 때 발견한 고객의 재무 문제를 먼저 언급해라
- 큰 그림부터 세밀한 그림으로 진행해라
- 고객의 재무목적을 다시 확인하고 달성 솔루션 언급
- 재무 문제가 있다면 왜 반드시 지금 해결해야 하는지 언급
- 이때 솔루션 부문에 대한 정확한 이해와 푸쉬가 필요

국제 금융계 매력의 스타일리스트 차재혁 CFP의 **금융 비즈니스 성공 바이블**

Chapter 05

전쟁에서 이겨라
– 금융 비즈니스는 재미있는 게임이다

01 게임의 규칙

02 승리하는 비즈니스 전략

03 성공하는 비즈니스맨들의 공통점 – 자긍심

04 잠재고객/고객과 신뢰형성의 핵심 대화법

05 일관성 있는 비즈니스 생산성

06 최고의 신규 고객은 여러분의 현 고객으로부터 발생된다

07 아무도 모르는 소개받는 비법

08 성공하는 비즈니스 습관 만들기

09 비즈니스 항로 점검 비법

게임의 규칙

지금까지는 비즈니스 전쟁에서 승리할 수 있는 게임의 규칙을 배웠다. 이제 해야 할 일은 이 게임의 규칙을 실전에 적용하여 전쟁에서 승리하는 것이다. 고객을 승리시킬 수 있다면 승리할 수 있는 기본적 정신과 자세를 갖게 된 것이다.

하지만 이와 동시에 고객의 승리뿐만 아니라 비즈니스에서 승리해야 한다는 당면과제를 갖게 된다. 비즈니스 세계는 상당히 냉정하고 엄격하다.

지금부터 비즈니스에서 승리하기 위한 전략에 대해 기술해 보도록 하겠다.

비즈니스 세계에서의 성공을 위해 도전해야 할 것은

> 첫째, 지금까지 배운 모든 것들을 현실세계에서 매일 사용하여 체득화 시키는 것이다.
> 둘째, 시간이 흐르면서 매일 체득화된 정신, 태도와 기술의 완성화 정도는 여러분들을 훌륭한 금융 비즈니스맨으로 탄생시켜 줄 것이다. 따라서 철저하게 각 단계별 프로세스를 믿고 따라라.
> 셋째, 누구나로부터 조금씩 배우고 그것을 여러분들의 경험과 합쳐라. 이 개발작용이 여러분들의 개성과 합쳐져 여러분들만의 독창적 비즈니스 스타일을 만들어 줄 것이다.

최고의 금융상품 상담인/재무설계사는 최고의 태도, 최고의 재무설계 서비스 그리고 최고의 사후관리 서비스를 제공하는 사람이라는 사실 잊지 말길 바란다.

승리하는 비즈니스 전략

비즈니스에서 생존하고 험난한 산과 강을 넘어 고지까지 가려면 수많은 난관을 극복해야 한다. 따라서 성공을 하기 위한 비즈니스 전략은 필수적이다. 지금부터 비즈니스 전략에 대해 기술해 본다면

첫째, 기존 고객과 항상 함께 하는 습관을 들여라.

신규 고객을 발굴하는 데는 수많은 노력, 시간과 자금이 소요되어진다. 미지의 개척시장에서 신규 고객을 만드는 것엔 더 많은 에너지가 필요하고 성공의 가능성 역시 소개 시장에서 신규 고객을 창출하는 것보다 낫다. 따라서 기존 고객에 대한 철저한 관계형성과 사후 서비스를 통해 새로운 고객을 창출하는 방법이 효율적이다.

둘째, 본 비즈니스는 잠재고객/고객과의 관계형성 능력이 가장 기본적이자 우선시 되어야 한다. 상품의 가격과 질이 비즈니스 성공의 열쇠가 아님을 인식하라.

셋째, 여러분들이 나태해지고 기뻐질 때를 조심해라. 이 시점에 여러분들은 지금까지 하지 않았던 일들을 해야 할 시점인 것이다. 비즈니스의 성공은 꾸준함에 있다. 여러분들이 지속적 능력개발에 신경 쓰지 않는다면 여러분들의 비즈니스 주가는 머지않아 하락하기 시작할 것

이기 때문이다.

넷째, 항상 여러분의 능력을 검증하라. 최고가 아닌 자질과 능력은 항상 제거되어져야 한다.

다섯째, 여러분들의 잠재고객/고객과 네트웍했던 것 보다 좀 더 많은 사람들과 네트웍하려고 노력해라. 매주 4~6시간 정도를 새로운 잠재고객 개발을 위해 투자하지 않는다면 여러분들의 신규 비즈니스 생산성은 하락할 것이다.

여섯째, 여러분들의 산업에 여러분들의 가치와 명성을 알리기 위해 같은 산업에 있는 많은 사람들과 가까이 해라. 이러한 여러분들의 전략이 여러분에게 새로운 아이디어와 전략을 가져다 줄 것이다.

일곱째, 여러분들의 명성을 만들어라. 여러분들의 산업에서의 인지도는 여러분들에게 새로운 가치를 창출해 줄 것이다.

여덟째, 조직관계에 있어 문제점을 회피하거나 비방하는 것보다 해결책을 찾으려 좀 더 많은 시간을 보내라. 여러분들에게 조직원들의 환호가 올 것이고 이로 인해 여러분들의 조직 내에서의 위치는 상승할 것이다.

아홉째, 태도에 대해 연구하라. 매일 15분 정도 자세와 정신과 관련된 책이나 잡지를 읽기 바란다.

열째, 여러분들의 시간을 사용하지 말고 투자하라. 즉 효율성 극대화를 위해 노력하란 뜻이다.

> 열한째, 동종 업계 타인들과의 차이점을 개발해라. 독창적 아이디어가 없는 비즈니스맨의 생명은 오래가지 못하기 때문이다.

성공하는 비즈니스맨의 공식

이미 기존에도 여러분들에게 주지시켜 왔지만 성공하는 비즈니스맨은 긍정적, 진취적 태도를 갖고 있어야 하며 누구나에게 호감을 줄 수 있는 유머와 계획했던 것을 실행할 수 있는 실패를 두려워하지 않는 자세를 갖고 있어야 한다는 사실을 명심하기 바란다.

수많은 사람들이 본 비즈니스에 진입했다가 실패한다. 성공을 하기 위해선 실패의 사유를 알고 수정해야 한다. 따라서 여러분들의 실패 가능성을 줄이기 위해 그 원인을 해부해 보았다.

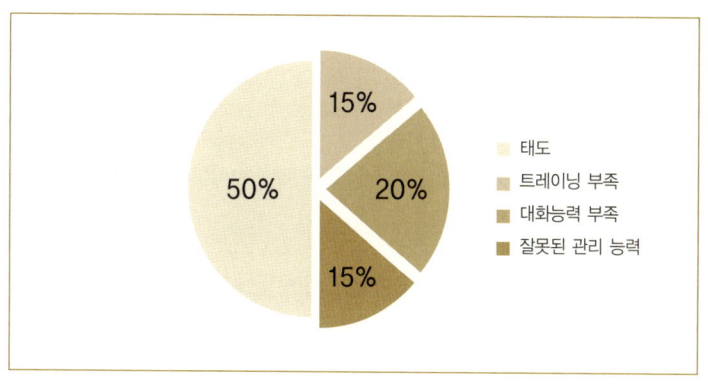

상기의 그림에서 볼 수 있듯이 금융 비즈니스맨으로써 성공의 요소가 여러 가지가 있다. 모든 요소 중 가장 큰 부분이 태도라고 나와 있듯이 여러분들이 아무리 좋은 트레이닝을 받고 훌륭한 대화능력과 관리능력을 배양했다고 하더라도 긍정적이며 진취적, 전문가적 태도를 만드는데 실패하면 금융 비즈니스맨으로써 성공할 수 없다는 사실에 주목하기 바란다.

성공 비즈니스의 미학 - 집중력

어떤 일에서든 성공하려면 집중이 가장 중요하다. 집중이 되지 않으면 어떤 일도 성취할 수 없기 때문이다. 집중력이 높아지면 높아질수록 여러분들의 목적에 대한 성공률을 높아진다. 따라서 여러분들에게 집중력을 키울 수 있는 7가지 방법을 알

러주도록 하겠다.

> 첫째, 여러분들이 어려운 상황에 부딪쳤을 때 주변상황에 대해 비방하지 말라.
> 둘째, 여러분들이 어려움에 처했을 때 그 어려움의 원인이 다른 사람들 때문이라고 비방하지 말라.
> 셋째, 매일 여러분들의 잠재고객/고객을 점점 더 잘 알기 위해 노력하라.
> 넷째, 여러분들이 해답을 찾을 때까지 꾸준히 정진하라.
> 다섯째, 여러분들이 현재 어느 위치에 와 있고 무엇을 해야만 하는지 정확히 파악하는 습관을 가져라.
> 여섯째, 매일 여러분들의 프로세스 위에서만 일해라. 비즈니스 형태가 유지되지 않는다면 여러분들은 혼란에 빠지게 된다.
> 일곱째, 항상 해결책에 집중하여 일하라.

성공하는 비즈니스맨들의 공통점 - 자긍심

비즈니스는 무엇인가?

비즈니스는 고위험과 고수익이 동시에 존재하는 사업이라

말할 수 있다. 어떤 철학 하에 어떠한 전략 그리고 어떠한 비즈니스 시스템을 갖고 어떠한 마켓 공략법이 있느냐에 따라 승패가 갈린다. 세상의 많은 이들이 비즈니스를 통해 거대한 부를 이루었다. 하지만 반면에 수많은 사람들이 비즈니스의 실패를 통해 어려운 삶을 살기도 한다.

통계적으로 보면 비즈니스를 통해 거부가 된 사람들은 실패로 인해 패가망신한 사람들에 비해 극히 소수다. 필자는 지구상의 수많은 비즈니스 속에서 성공한 비즈니스맨들의 공통점을 연구해 보았다.

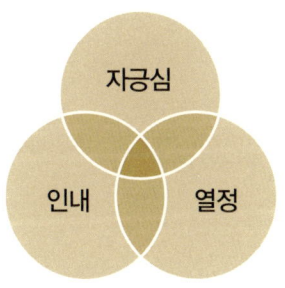

첫째, 그들은 본인 자신에 대한 자긍심이 대단히 높은 사람들이다

본인 자신에 대한 사랑이 대단히 크다. 본인 자신을 사랑하지 않는 사람들은 타인들과의 경쟁에서 이길 수 없는 사람들이다. 비즈니스라는 험난한 세계에서 승리하고 성공의 위치에 올라가기 위해선 본인 자신은 세상에서 가장 능력있는 사람이라고 생각할 수 있는 마인드가 절대적으로 필요하다.

따라서 여러분들이 금융 비즈니스에서 성공하길 원한다면 본인을 지구상 어느 누구보다도 영리하고 잘난 사람이라고 지금부터 생각하기 바란다. 여러분들의 자긍심이 여러분들의 잠재고객 시장에 대한 정복의 키를 쥐고 있다는 사실에 주목하기 바란다.

둘째, 열정이다

성공한 사람치고 열정이 없는 사람은 없다. 무엇인가 크게 이루기 위해선 폭발적인 에너지가 필요하다. 이 에너지는 반드시 이루고자 하는 본인의 마음에서 비롯된다. 단기적, 중기적, 장기적 계획하에 이를 반드시 정해진 기한내에 이루고자 하는 열정이 있지 않다면 여러분은 절대 성공할 수 없다. 지금부터 여러분이 정한 목표를 달성하는 것에 집중해 보라. 여러분의 집중이 여러분이 하는 일을 사랑하게끔 만들 것이다.

셋째, 인내심이다

성공이란 단어를 얻기까지 단기간 이루어낸 성과로 인해 이 단어를 얻을 수 있는 사람은 없다. 장기간 수많은 우여곡절을 딛고 일어낸 성공을 우리는 성공으로 본다. 따라서 성공한 사람들은 극도의 인내력을 갖고 있다. 이룰 때까지 지속적으로 도전하며 인내하는 것이다.

한 비즈니스를 제대로 이해하려면 적어도 5년은 걸린다. 어떠한 일이 있더라도 한 비즈니스를 시작했다면 꾸준히 5년을 인내하기 바란다.

잠재고객/고객과 신뢰형성의 핵심 대화법

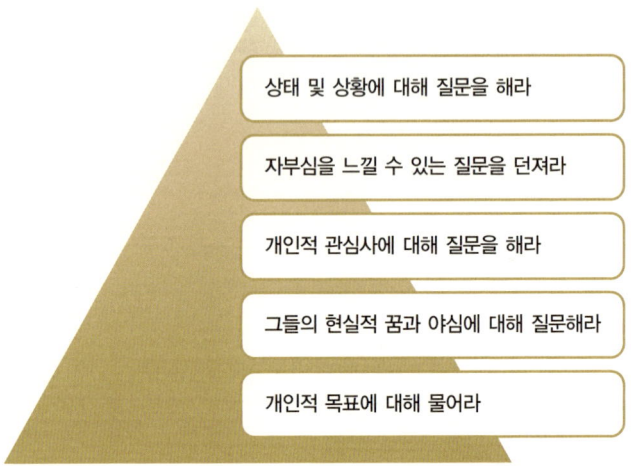

　상기의 그림에서 묘사된 방식의 대화법은 여러분들의 잠재고객/고객들이 여러분들에게 많은 신뢰를 갖게 되고 개인적 친분이 생기게 하는 방식이다.

　잠재고객/고객을 존중하고 그들의 의견을 경청하며 그들의 입장에서 문제점을 발견 해결책을 주는 여러분의 방식에 대해 과연 어느 누가 싫어하겠는가? 따라서 직접적 대화 대본을 작성하여 연습하고 실행해 보기 바란다.

일관성 있는 비즈니스 생산성

여러분들은 미디어나 현실적 경험을 통해 "가장 좋은 고객은 현 고객에 대한 일관성 있는 좋은 사후 서비스로부터 나온다"라는 말을 듣거나 알고 있을 것이다. 여기서 필자는 왜 현 고객에 대한 서비스가 최고의 신규고객을 창출해 주는 지에 대해 기술해 보고자 한다.

첫째, 그들은 여러분을 안다.

둘째, 그들은 여러분을 좋아한다. 그래서 고객이 된 것이다.

셋째, 여러분은 그들과 이미 어느 정도의 신뢰관계를 형성해 왔다.

넷째, 상호간에 자신감과 신뢰가 이미 형성되어져 있다.

다섯째, 여러분은 이미 여러분들의 서비스와 상품 포트폴리오를 그들에게 제공해 왔고 만족도를 느끼게 해 준 기록을 갖고 있다.

여섯째, 그들은 여러분을 존중한다.

일곱째, 그들은 현재 여러분의 서비스와 상품 포트폴리오를 사용하고 있다.

여덟째, 여러분들이 그들에게 전화를 걸면 그들은 전화를 받는다.

아홉째, 그들의 선경험에 따라 그들은 여러분들의 향후 프레젠테이션과 신규상품 제공에 좀 더 호의적일 것이다.

위와 같은 9개의 사유를 읽은 여러분들의 생각은 어떠한가? 필자의 의견에 동의한다면 기존 고객의 서비스에 대해 좀 더 전략을 연구하고 실행해 보기 바란다.

최고의 신규 고객은 여러분의 현 고객으로부터 발생된다

- 성공하는 프로페셔널들의 척도

미국이나 한국의 프로야구를 보면 타자가 나올 때마다 통계자료가 TV화면에 나온다. 이 통계자료는 다양한 분석프로그램을 통해 시청자로 하여금 각기 다른 상황에서의 현 상태 예측을 불러오게끔 만들어 내고 이로 인해 시청자들은 재미와 흥미를 느낀다.

프로야구 선수들은 야구에 관한한 프로페셔널이다. 지속적인 생산성이 뒷받침되지 않으면 이들의 몸값은 천정부지로 하락되지만 일관성 있는 생산성은 이들의 몸 가치를 천정부지로 올라가게끔 만들기도 한다. 우리는 스포츠계에서 성공했다는 미국 프로야구의 박찬호와 영국 프로축구의 박지성을 통해 프로페셔널 세계의 매력을 충분히 느낄 수 있다.

이들과 마찬가지로 우리 금융상품 상담인/재무설계사 산업도 똑같은 논리와 규칙이 적용된다. 따라서 성공한 프로페셔널이란 호칭을 받기 위해선 지속성 일관성이 뒷받침된 생산성이 필요하다. 이를 얻기 위해 다음과 같은 노하우를 전수받아 체득화 할 필요성이 대두된다.

첫째, 매주 시작하는 월요일 아침에 세일즈를 등록하라

둘째, 매주 월요일 아침 상품/컨셉/모티베이션 트레이닝 세션에 참여하라

셋째, 생산적인 한 주를 확신하기 위해 월요일 적어도 5개의 약속을 확보하라

넷째, 3년차가 되기 전까지 매주 지옥같이 일해라

다섯째, 매주 금요일 아침 재무설계 트레이닝 세션에 참여해라

여섯째, 매주 금요일 저녁에 세일즈를 등록해라

일곱째, 매주 금요일 오후에 다음 주 월요일 약속을 최종 확정지어라

여덟째, 다음주 비즈니스 생산성 확보를 위해 금주 금요일 적어도 5개의 약속을 획득하라

지금 상기에 기술해 놓은 방식으로 여러분이 여러분의 잠재고객 이름은행(Name Bank)을 지속적으로 채우면서 고객개발 프로세스(Client Development Process)를 진행한다면 여러분의 비즈니스 파이프라인은 항상 완전히 원활하게 돌아가게 될 것이고, 여러분의 비즈니스 생산성을 지속적 일관성을 유지할 수 있는 시스템을 구축하게 될 것이다.

여러분이 이 방법을 따라서 충분히 실제에서 충분한 경험을 쌓는다면 여러분은 본인이 놀랄 정도의 비즈니스 생산성을 갖게 될 것임을 필자는 확언한다.

아무도 모르는 소개받는 비법

소개받는 비법을 알고 있다면 과연 여러분의 비즈니스는 어떻게 될까?

"성공비즈니스 시대를 열 수 있을까?" 라는 묻는다면 여러분의 대답은?

물론 "성공할 수 있다" 라고 답할 것이다.

소개는 세계 비즈니스 시장에서 가장 쉽게 성공을 잡을 수 있는 방식이다. 판매를 싫어하는 회계사, 변호사 그리고 의사에게 물어보라. 그들은 그들의 신규 비즈니스의 100%가 소개로부터 나온다고 말할 것이다. 따라서 필자는 지금 여기에 아무도 모르는 소개받는 비법 즉, 소개 프로세스를 안내한다.

첫째, 절대 빠르게 판매하려 하지 마라.

천천히 가도 된다. 왜냐하면 소개를 받아 비즈니스를 하기 전까지 필요한 것은 신뢰를 형성하는 것이다. 따라서 관계 형성 속에서 비즈니스 모드로 돌입하는 타이밍을 찾는 것이 중요하다. 모든 성공은 적절한 타이밍을 잡는 것에서 나오기 때문이다.

둘째, 3자 구도 미팅을 잡아라.

첫 번째 미팅 때 만들어야 할 미팅 방식은 여러분, 소개자, 소개를 받은 사람 이렇게 같이 만나야 한다. 세 사람이 만날 수 있다면 처음엔 항상 함께 식사를 해라. 그리고 두 번째 미팅에서 함께 즐길 수 있는 이벤트(영화감상, 스포츠 관람, 골프, 산행 등)를 만들어라.

셋째, 위와 같은 방식이 가능하지 않다면 소개자에게 부탁하라.

소개받는 사람에게 전화 한번 제대로 해 달라는 방식으로 말이다. 그리고 소개의 편지 한 장을 받아서 만날 때 가져가라.

넷째, 소개자와 함께 소개받은 사람을 만나러 간다면 절대 첫 미팅에서 상

> 품과 관련된 말을 꺼내지 마라.
>
> 앞에서 배운 프로세스를 절대적으로 구가하라.
>
> 다섯째, 첫 미팅에서 너무 많은 정보를 주지 마라.
>
> 여섯째, 소개받은 사람과 미팅을 했다면 24시간 이내에 소개자에게 감사 인사를 하고 미팅내용을 간략하게 안내하라.
>
> 일곱째, 소개받은 사람(잠재고객)에게 감사의 편지를 써라.

성공하는 비즈니스 습관 만들기

본 저서의 첫 글머리에서 말했듯이 여러분이 비즈니스 세계에서 생존하고 성공하려면 이미 선 경험한 멘토들로부터의 습관을 연구하고 철저히 습득한 후 여러분의 성격 및 스타일에 맞는 습관을 만들어 내야 한다.

따라서 필자는 캐나다 생명보험 협회에서 연구되어져 발표된 성공한 금융상품 상담인/재무설계사들은 좋은 습관을 만들기 위해 무엇을 했는지 여러분과 함께 공유하고자 한다.

첫째, 좋은 비즈니스 계획을 갖고 있었고 항상 계획에 근거하여 일했다.

둘째, 매일 올바르고 적합한 노력을 할 수 있는 계획 하에 전사처럼 비즈니스 했다.

셋째, 시간 관리에 철저했다.

넷째, 매일 'to-do' 리스트를 작성하여 사용하였다.

다섯째, 매일 활동계획을 작성할 때 우선순위를 결정하고 그 우선순위 위에 효과적인 활동력을 보여주었다.

여섯째, 항상 미리 계획하는 버릇을 갖고 있었다.

일곱째, 항상 그들의 비즈니스 계획 대비 활동사항을 철저히 기록하는 습관을 갖고 있었다.

여덟째, 훌륭한 기록을 유지해 왔다.

아홉째, 모든 일에 팔로우 업(follow-up)하는 습관을 갖고 있었다.

열째, 항상 그들의 생산성을 증진시키기 위해 그들의 계획 대비 결과를 분석하는 습관을 갖고 있었다.

    필자는 열 가지의 성공 비즈니스 습관형성과 관련된 사항을 여러분에게 공개하였다. 반드시 이 습관들을 연습하여 체득화시키기 바란다. 명성 있는 재무설계사가 되길 원한다면 전문적 지식 습득 이전에 반드시 이 습관형성을 목숨 걸고 해야 한다.

    여러분들 중엔 정말 진실로 비즈니스를 열심히 땀 흘려 했지만 결과가 좋지 않아 힘들어 하는 과정을 지금도 겪고 있을지 모른다. 이러한 비즈니스 과정 속에 혹 무엇이 문제인지 몰라서 고민해 본적은 없는가? 아마 많은 사람들이 무엇 때문에 비즈니스가 안 되는 것인지 몰라서 원인분석을 해야겠다는 생각은 해 보았을 것이다. 하지만 원인분석 기법을 몰라 해결치 못한 경우가 대부분일 것으로 필자는 생각한다.

대부분의 성공한 비즈니스맨들에게 물어보라.

처음부터 그렇게 비즈니스를 잘 했냐고? "그들은 절대 아니다."라고 말할 것이다.

그들은 "최초 시작시점으로부터 *꾸준한 교정작업을 거쳤다.*"라고 말할 것이다.

필자는 지금부터 시원하게 여러분이 알고 싶어 하는 비법 한 가지를 공개하기로 하겠다.

비즈니스 항로 점검 비법

우리 업계에서 일하고 있는 분들이 독자 중에 있다면 여러분

들은 지금 비즈니스 항로 위에 있다고 생각하라. 비행기가 이
륙을 한 후 일정 고도에 올라가면 기장은 항상 항로를 따라 목
적지까지 가기 위해 노력하듯이 여러분들도 비행기에 올라 탄
것처럼 비즈니스에 올라타 여행을 하고 있는 것이다. 따라서
여러분은 목적지까지 제대로 가기 위해 항로 점검을 잘 해야만
한다.

여러분들의 항로 점검은 여기서 여러분들의 비즈니스 생산
성 대비 프로세스별 활동기록을 잘 유지·보유 및 점검하는 것
이다. 여러분들이 명심해야 할 것은 여러분들이 프로세스별 활
동기록을 제대로 하는 것을 배우고 습관화하지 못한다면 여러
분들의 비즈니스는 항로를 이탈하여 제대로 목적지에 도착하
지 못할 것이라는 것이다. 따라서 잠시 항로를 이탈하더라도
여러분의 현 위치를 제대로 파악하고 원 항로대로 돌아올 수
있는 것이 중요한 것이다.

비즈니스 활동량의 정확한 기록을 위한 도우미

비즈니스 활동량을 기록하는 방법은 각 금융회사마다 시스
템을 갖고 있지만 활동량을 정확히 기록하고 원인분석을 해서

금융상품 상담인/재무설계사 본인의 약점을 비즈니스 표준역량으로 만드는 데 사용하는 사람은 많지 않다. 바로 이 부분 때문에 많은 사람들이 실패하는 것을 인지하지 못한다.

필자는 여기서 비즈니스 활동량의 정확한 기록습관이 왜 중요한지 언급해 보도록 하겠다.

> 첫째, 누구나 우리 비즈니스의 성공 자질 중 2~3가지는 이미 갖고 있다. 하지만 비즈니스에서 성공하기 위한 자질 6가지 모두 있어야 성공할 수 있기에 2~3가지의 자질을 새로이 만들어야 하는 것도 사실이다. 따라서 여러분이 갖고 있지 않은 자질을 약점이라 칭한다면 약점을 제거하고 단계를 밟기 위해 비즈니스에 있어 약점의 영역을 집중 개발해야 한다.
>
> 둘째, 여러분이 주의 깊게 육성해야만 하고 특별하게 가치있는 비즈니스 원동력이 되어 온 잠재고객 시장이나 부류를 확인하라.
>
> 셋째, 그동안 놓치거나 간과했던 가능성과 가치를 갖고 있다고 판단되는 시장을 확인하라.
>
> 넷째, 미래 목표를 달성하기 위해 필요한 전화접근과 인터뷰의 숫자를 계산하기 위한 측정치를 만들기 위해 현 전화접근 및 인터뷰의 숫자는 돈의 개념으로 바꾸어 보라.

활동량 체인

잠재고객을 만나 고객개발 프로세스를 거쳐 잠재고객의 재무적 문제점을 파악하는 해결책으로써 상품 포트폴리오를 판매하게 될 때까지의 프로세스에 따른 활동량을 체인으로 그려 본 것이다.

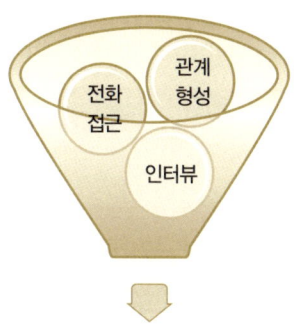

해결책 제시 – 판매

이 활동량 체인을 적용하기 위해선 평균의 법칙에 대해 이해해야 한다. 평균의 법칙을 이해하면 여러분의 전체적 태도를 긍정적으로 변화시킬 수 있고 평균의 법칙에 의해 자신을 지배하면 여러분의 열정은 항상 높게 유지할 수 있으며 또한 항상 기쁘게 만들 수 있다.

우리가 활동량 분석을 할 때 이 평균의 법칙을 사용하게 되는데 지금부터 사례를 들어 활동량 분석에 대한 개념과 분석기법을 알려주기로 하겠다. 비즈니스 성공을 위해 반드시 필자가 제시하는 활동량 분석기법을 습득하기 바란다.

활동량 분석 사례

1. 홍길동 금융상품 상담인 사례

구분	활동시간	전화접근	인터뷰	판매	커미션
성공한 금융상담인	30	25	10	3	1,050,000
홍길동	22	21	5	1	582,000

〈분석〉

1) 홍길동은 판매 당 첫해 커미션이 평균 582,000원이다. 하지만 성공한 금융상품 상담인은 3건 판매에 1,050,000이다. 판매건수 당 평균 385,000원으로 볼 수 있다.

2) 홍길동은 주당 1건만 판매를 했다. 하지만 우리 업계의 성공은 3건이다.

3) 홍길동의 인터뷰 당 판매 비율은 5대 1이다. 성공한 금융상담인의 기록은 3대 1이다.

4) 두 상담인 모두 활동시간당 거의 1개의 전화접근을 했다. 홍길동은 활동시간에 있어 25%미만의 시간을 덜 사용했다.

5) 홍길동의 문제점은 상대적으로 단순한 것이다.

홍길동은 활동시간이 성공표준에 비해 적었다. 만약에 홍길동이 30시간을 활동했다면 당연히 모든 프로세스에 따른 활동 역시 증가되었을 것이다. 그렇게 했다면 홍길동은 대략 29 전화접근, 7 인터뷰, 1.4 판매 건수 그리고 815,000원 정도의 첫해 커미션을 받을 수 있었을 것이다. 또한 홍길동은 전화접근 대비 인터뷰의 비중을 증가시키는 것에 의하여 평균 이상의 금융상품 상담인이 될 수 있을 것으로 분석되어진다.

2. 성춘향 금융상품 상담인 사례

구분	활동시간	전화접근	인터뷰	판매	커미션
성공한 금융상담인	30	25	10	3	1,050,000
성춘향	31	32	4	1.5	630,000

〈분석〉

1) 상기 기록에 의거 성춘향은 4주 동안 6건의 판매가 예측되어 진다. 성공한 상담인은 4주간 12건의 판매가 된다.

2) 전형적인 성공한 상담인은 판매 건당 350,000원을 번다. 성춘향은 성공한 상담인보다 약간 높은 420,000원을 벌었다. 만약에 성춘향이 성공상

담인 정도의 판매 건수를 할 수 있다면 성춘향은 대단히 성공한 비즈니스 우먼이 될 것이다.

3) 성춘향의 활동시간과 전화접근 숫자는 평균 이상이다.

4) 성춘향은 인터뷰 숫자를 좀 더 확보할 수 있다면 판매건수는 상당히 증가되어질 것이다.

5) 기록상으로 보면 성춘향은 전화접근 후 인터뷰 프로세스에서 너무 쉽게 포기하는 경향이 있다. 어쨌든 인터뷰대 판매 비율은 정상적이다.

6) 성춘향의 전화접근 대비 인터뷰 비율이 성공한 상담인 정도로 증가되어질 수 있다면 판매건수와 커미션은 자동적으로 증가될 것이다.

인터뷰 프로세스를 잘 할 수 있도록 노력한다면 주당 5건의 판매가 예측되어지고 주당 첫해 커미션은 2,100,000원 증가될 것이다. 한 특정 부분에 있어서의 개발은 대단한 생산성 증가로 연결되어지는 것을 확인할 수 있다.

3. 이몽룡 금융상품 상담인 사례

구분	활동시간	전화접근	인터뷰	판매	커미션
성공한 금융상담인	30	25	10	3	1,050,000
이몽룡	40	50	15	3	525,000

〈분석〉

1) 이몽룡은 성공한 금융상담인과 같은 주당 판매건수를 기록했다. 하지만 판매건수 당 커미션은 평균 이하를 기록하고 있다.

2) 인터뷰 당 판매 비율은 정상으로 볼 수 있다.

3) 이몽룡은 비정상적으로 대단히 많은 전화접근 숫자를 기록했고 성공한 금융상담인보다 33% 더 많은 활동시간을 기록했다.

4) 이몽룡은 상당히 열심히 일하는 성실한 상담인으로 판단되지만 평균 판매의 사이즈가 너무 작다.

5) 이몽룡의 시장에 대한 시각을 높여야 한다.

현재 활동기록으로 보면 경제적 효율적 활동이 아니라고 판단된다.

4. 김춘추 금융 상담인 사례

구분	활동시간	전화접근	인터뷰	판매	커미션
성공한 금융상담인	30	25	10	3	1,050,000
김춘추	10	8	2	1	985,000

〈분석〉

1) 김춘추의 판매 당 평균 커미션은 성공한 상담인 대비 평균의 거의 3배이다.

2) 김춘추의 클로징 비율은 훌륭하고 평균 이상으로 상당히 높다.

> 3) 김춘추의 전화접근 대비 인터뷰 비율은 평균 이하이다.
> 그는 성공한 상담인의 전화접근 숫자의 1/3만 기록하고 있다.
> 4) 김춘추는 상당히 나태하거나 책상형 스타일(주로 고객 데이터의 분석에 매달리는 스타일)일 가능성이 있다. 김춘추는 MDRT의 자질을 갖고 있으나 좀 더 활동을 늘려야만 가능하다.
> 5) 만약 김춘추가 좀 더 활동시간을 늘리지 않는다면 적어도 그는 고액자산가 계층시장에 집중하여 일해야 한다. 문제는 '시장확보 능력과 전문가적 지식이 확보되어 있느냐'이다.

지금까지 4건의 사례를 들어 활동 프로세스 분석기법을 여러분께 논하였다. 필자는 한 분야에서 성공하려면 제대로 배우고 반드시 24시간 내에 활동하여 시장에서 답을 얻으려는 노력을 하고 실패의 경험에서 교훈을 얻는 방식으로 꾸준히 포기하지 않고 비전 달성을 위해 실행한다면 본 저서를 읽은 여러분은 모두 성공할 수 있을 것으로 믿는다.

개인투자자 프로파일

- 투자성향 진단서 -

_____ 고객님을 위한 프로파일

작성일 : 20 년   월   일

진단자 : 재무설계사 _____

개인 투자자 프로파일 워크시트

개인 투자자 프로파일은 세 부분을 포함한다.
① 투자 목적 - 파트 1
② 투자자 프로파일 질의서 - 파트 2
③ 투자자 프로파일 결과 - 파트 3

본 개인 투자자 프로파일을 작성함으로 인해 본 상담인은 고객님의 특정 니즈와 목표에 적합한 투자 조언을 공급하는 것을 도울 것입니다. 또한 고객님께서는 고객님의 상황에 적합한 투자자 프로파일과 투자 조언에 관련된 복사본을 받게 될 것입니다.

_____ 고객님 정보

- 성명 :
- 주소 :
- 핸드폰 번호 :   • 자택전화번호 :
- 연락시 선호 시간대 및 연락처 :
- 직장명/사업체명 :

고객님께서는 본 프로파일 작성과 관련하여 가족 전체에 대해 검사받길 원하십니까? 아니면 고객님 본인 자신에 대해서만 검사받길 원하십니까?

- 검사일 :
- 작성자 :

PART 1 - 투자 목적 조사

고객님의 재무 목적을 정확하게 확인하는 절차가 첫 번째 단계입니다. 일반 저축과 투자 목적 그리고 개인 재무목표를 달성하기 위한 조사단계가 다음에 있습니다.

투자목적	우선순위	투자기간	목적자금 달성을 위한 필요액	목적자금을 달성하기 위한 투자가능 자금	
				현재	월별가능금액
은퇴					
교육자금					
주택마련					
긴급자금					
자산증가					
기타					

만약 고객님의 우선순위 중 하나가 은퇴자금 마련이라면

- 은퇴희망 연령은 몇 세이십니까?
- 고객님은 자영업자이십니까?
- 현재 은퇴자금 마련을 위해 투자 또는 저축하고 계신 은퇴자산을 갖고 계십니까?

본 검사를 수행함에 있어 고객님께 상기 내용 중 1년 이상의 투자기간을 설정하고 계신 부분이 있다면 고객님의 니즈와 상황에 맞는 우선순위가 결정된 재무목표를 설정하시길 제안합니다.

PART 2 - 투자자 프로파일 질의서

투자 기간

1. 고객님의 투자자금은 언제 회수하실 생각이십니까?
   '(   )'

   0) 1년 내
   2) 1년에서 3년 이내
   5) 4년에서 9년 이내
   9) 10년 내 또는 10년 후

2. 설정된 투자기간 내 고객님의 투자자금 중 1/3이상 부분 '인출할 가능성이 있습니까?(   )'

   1) 전혀 없다.
   2) 조금 가능성 있다.
   3) 인출할 지 안할 지 확실치 않다.
   5) 아마도 아닐 것이다.
   7) 전혀 그럴 가능성 없다.

3. 고객님의 투자 목적을 정확히 표현한 것은 어느 것입니까? '(   )'

0) 안전성과 주기적 소득창출이 내 투자의 우선순위이다.

1) 일관성 있는 투자 수익률과 내 투자로부터 주기적 소득창출이 필요하다.

3) 소득창출에 대한 니즈가 있고 또한 약간의 투자자금 성장에 관심이 있다.

5) 장기성장과 일정 소득을 함께 가져오는 투자에 관심이 있다.

6) 나의 최우선 순위는 주로 장기 성장이다.

7) 나의 최우선 순위는 장기간에 걸친 공격적 투자이다.

총점 : (   )

고객님의 현 상태

4. 고객님의 현 나이는?

   7) 30세 이하

   7) 30세~39세

   7) 40세~49세

   5) 50세~59세

   2) 60세~69세

   1) 70세 이상

5. 고객님의 가족 상황

   6) 나는 미혼이며 돈을 벌고 있다.

   6) 우리는 두 부부 다 돈을 벌고 있다.

   2) 우리 가족에 있어 돈을 버는 사람은 나 혼자이다.

   1) 나는 은퇴를 했다.

6. 고객님의 경제적 의존자는?

5) 아이들이나 경제를 책임져 줘야 하는 가족이 없다.

3) 아이가 1명 있거나 1명의 경제 지원을 해 줘야 하는 가족이 있다.

2) 아이가 2명 이상 있고/있거나 경제 지원을 해 줘야 하는 가족이 있다.

7. 고객님의 세전 연 수입, 급여를 포함하여 모든 소득을 합하여 표시해 주세요.

개인 소득	부부 합산 소득
1) 2천 5백 만원 이하	1) 5천 만원 이하
3) 2천 5백만 ~ 5천만 이하	3) 5천만 ~ 1억 이하
4) 5천만 이상 ~ 7천 5백만 이하	4) 1억 ~ 1억 5천 이하
5) 7천 5백만 이상 ~ 1억원 이하	5) 1억 5천 ~ 2억 이하
6) 1억 이상	6) 2억 이상

8. 고객님의 순자산 = 총자산 - 총부채.

고객님의 집, 저축, 투자 그리고 타 자산을 포함한 총 가치를 포함하신 후 대출 등을 포함한 총 부채를 제한 순가치 자산의 가치를 기재해 주세요.

개인 순 자산	가족 순 자산
1) 2천 5백 만원 이하	1) 5천 만원 이하
3) 2천 5백만 ~ 5천만 이하	3) 5천만 ~ 1억 이하
4) 5천만 이상 ~ 7천 5백만 이하	4) 1억 ~ 1억 5천 이하
5) 7천 5백만 이상 ~ 1억원 이하	5) 1억 5천 ~ 2억 이하
6) 1억 이상	6) 2억 이상

본 섹션에서 산출된 총 점수 (   )

고객님의 투자 위험 감내도 측정

투자 포트폴리오를 만드는데 있어 가장 중요한 요소 중 하나가 고객님 마음의 평화입니다. 다음의 질문들은 고객님께 가장 적합한 투자의 타입을 확인시켜주는 것을 도와 줄 것입니다. 질문 당 하나의 답을 골라 주세요.

9. 고객님의 투자 경험, 과거 투자의 대부분은 다음 카테고리에 포함되어진다.

   0) 나는 아직 투자를 해 본 적이 없다.
   0) 나는 정기예금, 정기적금 및 CMA 외엔 투자 경험이 없다.
   5) 간접투자와 정기예금을 주로 해 왔다.
   7) 간접투자만 또는 간접투자, 주식 및 채권의 조합하여 투자를 해 왔다.
   8) 개인 주식 및 채권만 투자해 왔다.

10. 각기 다른 형태와 투자와 관련된 고객님의 편안함

    0) 나는 단지 내 투자원금의 보장이 가능한 투자만 고려한다.
    1) 지금까지 나는 정기예금 및 정기적금에만 투자해 왔고 원금보장이 되지 않더라도 상대적으로 안전한 투자대안만 고려하고 있다.
    4) 나는 투자 위험도가 많을수록 수익률 상승의 가능성이 많다는 사실을 이해한다. 나는 내 투자자금의 일부는 좀 더 높은 수익률을 가져올 수 있는 투자수단에 투자하고 싶고, 나머지 자금은 안전성 수준이 높은 투자대안에 투자하길 원한다.
    6) 나는 때때로 변동성이 발생할 수 있는 투자에 편안함을 느낀다.
    7) 나는 내 투자 가치가 떨어졌다고 하는 것에 별 어려움을 느끼지 않는다.

11. 고객님께서 1천만 원을 약 10년 정도 투자할 의향이 있다는 가정 하에 투자 후 3개월 후 첫 번째 투자 보고서에서 본인의 투자가치가 9백만 원으로 떨어져 있다는 것을 보았을 경우 고객님께서는 다음 하기의 내용 중 어떤 행동을 취하실 생각이십니까?

6) 가능하다면 낮은 가격의 이점을 이용하기 위해 좀 더 투자를 한다.

4) 그냥 놔둔다.

2) 자주 투자가치 변동을 주시하고 만약 3~4개월 내에 투자 원가치를 회복하지 않는다면 판다.

0) 즉시 판다.

12. 위험도에 따른 편안함 정도

만약에 고객님께서 1천만 원을 투자하였다고 가정합니다. 일반적으로 위험도의 수준이 높으면 높을수록 투자 수익을 볼 가능성도 높아집니다.

다음 4가지 포트폴리오는 각기 잠재 연간 수익률을 범위를 보여줍니다. 고객님께서 가장 편안하다고 느껴지는 것을 하나 고르세요.

1) 투자 #1 (연 수익률 4.6%)

분류	연수익률
1st yrs	5.00%
2nd yrs	2.90%
3rd yrs	4.60%
4th yrs	6.20%
5th yrs	4.20%

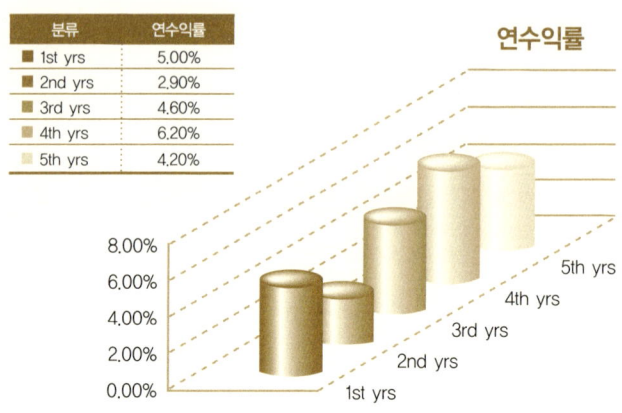

3) 투자 #2 (연 수익률 6.6%)

분류	연수익률
1st yrs	12.20%
2nd yrs	3.20%
3rd yrs	-3.00%
4th yrs	14.40%
5th yrs	7.20%

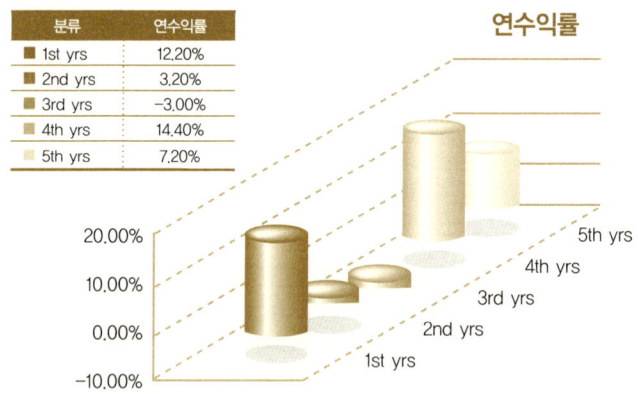

5) 투자 #3 (연 수익률 8.5%)

분류	연수익률
1st yrs	18.90%
2nd yrs	0.60%
3rd yrs	-8.90%
4th yrs	23.90%
5th yrs	11.20%

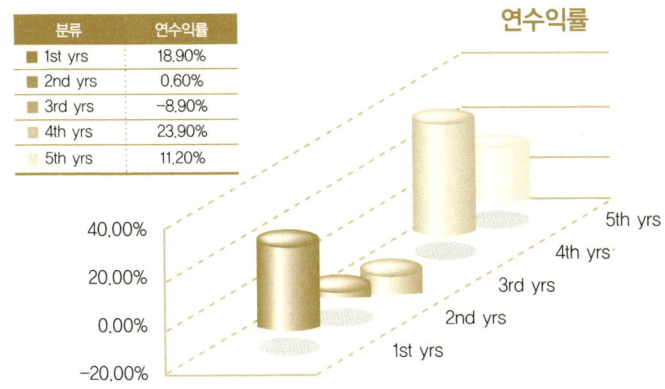

7) 투자 #4 (연 수익률 10.3%)

분류	연수익률
1st yrs	24.00%
2nd yrs	-2.00%
3rd yrs	-11.00%
4th yrs	31.60%
5th yrs	14.60%

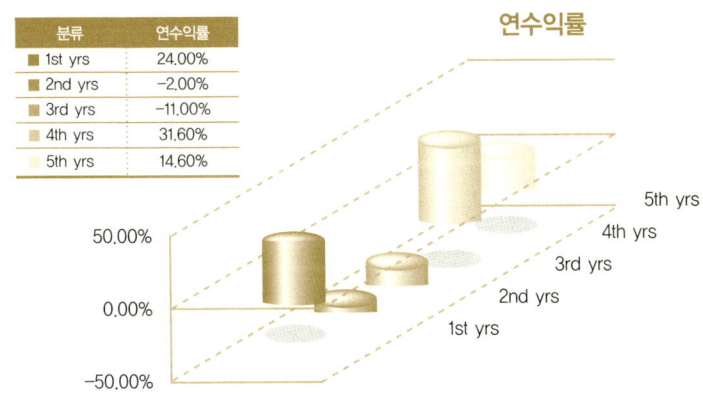

본 섹션의 총 점수 : (   )

두 번째 파트의 12 질문에 대한 총 점수 : (   )

PART 3- 투자자 프로파일 검사

다음 두 섹션은 고객님의 투자자 프로파일을 검증하고 질문 1-12로부터 확인된 것을 확증하는 단계입니다.

포트폴리오 검증

파트 2에서 질문 1에 대한 고객님의 답변에 근거하여 고객님의 투자기간은?

(　) Ⅰ. 단기 (0년에서 3년)
(　) Ⅱ. 중기 (4년에서 9년)
(　) Ⅲ. 장기 (10년 또는 이상)

다음은 6개의 다른 투자 포트폴리오 중에서 가능성 있는 가치 범위를 검토하고 투자자 본인의 투자기간과 일치하는 차트를 선택하세요. 예를 들자면, 장기 투자기간을 설정한 투자자는 공격적 성장 포트폴리오 (F)에 최초 1천만원을 투자한다면 23,072,000원이 될 가능성이 있습니다. 하지만 10년 후엔 최고 44,162,000원에서 최저 11,523,000이 될 수도 있습니다. 본인의 투자기간 대비 가장 편안하다고 느끼는 포트폴리오를 A, B, C, D, E, F 중 선택하세요.

1. 단기적인 투자전망(1년간 1천만원 투자시 포트폴리오 가치범위)

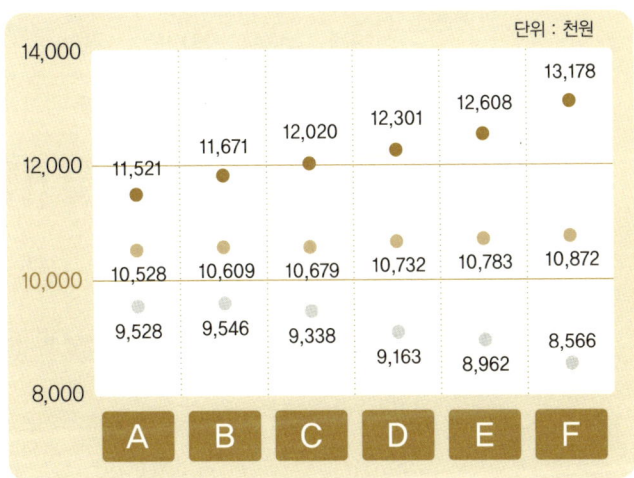

2. 중기적인 투자전망(5년간 1천만원 투자시 포트폴리오 가치범위)

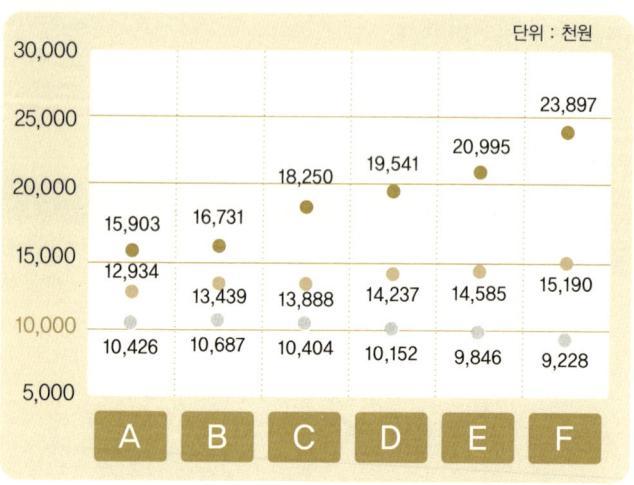

3. 장기적인 투자전망(10년간 1천만원 투자시 포트폴리오 가치범위)

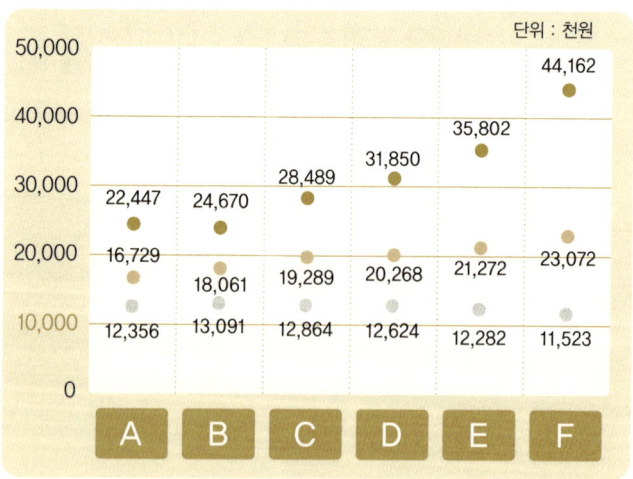

자가 진단

귀하의 투자자 프로파일의 마지막 확인단계로써 우리는 귀하에게 적합한 다음과 같은 투자 접근법을 질문하고자 합니다. 본인의 투자자 프로파일에 가장 알 맞는다고 느껴지게 기술되어진 문구를 선택하세요.

A 나는 정기적인 소득이 필요하고 투자의 안정성이 본 투자의 가장 중요한 안건이기 때문에 좀 낮더라도 좀 더 예측 가능한 투자수익률을 원한다.

B 나는 본 투자에 대해 상대적으로 일관성 있는 수익률을 보여주는 정기적 소득이 필요하고 내 투자자금에 있어 약간의 변동성만을 받아들일 수 있다.

C 나는 약간의 투자 성장과 함께 투자로부터 소득이 발생될 수 있는 형태를 선호하며, 투자자금에 있어 변동성이 있을 수 있다는 것을 알고 있다.

D 나는 일정수익률 이상의 소득과 투자성장의 조합을 선호하며 잠재 수익률이 높을 가능성이 있을수록 투자자금의 변동 폭도 클 가능성이 있다는 것을 알고 있다.

E 나는 투자자금의 성장 기회가 많은 것을 선호하며, 투자자금의 상당한 변동 폭을 경험할 수 있다는 것을 알고 있다.

F 나는 투자자금의 성장기회가 극대화되기를 선호하며, 투자자금이 극도의 변동 폭을 경험할 수 있다는 것을 알고 있다.

귀하의 투자자 프로파일 - 요약 차트

본 차트는 3단계 개인 투자자 프로파일 접근법을 요약한 것입니다.

- 질의서, 포트폴리오 평가와 자가 진단서

만약 귀하의 투자자 프로파일이 상대적으로 3단계 접근법과 일치한다면 우리는 다음 단계로 진행할 수 있습니다. - 귀하의 니즈에 맞는 투자 전략을 고안하는 것.

만약 상당한 불일치가 존재한다면 우리는 적합한 투자자 프로파일을 확증하기 위해 귀하의 포트폴리오 평가 그리고 귀하의 자가 평가를 검토할 것입니다.

전반적인 결과는 귀하가 A라는 것을 나타낸다	점수 범위	12 질의서 프로파일	포트폴리오 평가 프로파일	자가 평가 프로파일
안정적 투자자	8 ~ 19	점수 :	A	A
소득 투자자	20 ~ 31	점수 :	B	B
보수적 투자자	32 ~ 44	점수 :	C	C
혼합형 투자자	45 ~ 57	점수 :	D	D
성장형 투자자	58 ~ 69	점수 :	E	E
공격적 성장 투자자	70 ~ 81	점수 :	F	F

내 투자자 프로파일은

_____

고객 사인

_____

우리의 다음 단계는

조치된 행동 :

완성일 :　　　　　　　　재무설계사 :

고객님의 재무 목표에 대한 핵심

우리 모두 재무 목표가 있습니다. 자신감 있는 정형화된 투자 결정은 우리가 이러한 목표를 달성하는 것을 돕습니다.

본 개인 투자자 프로파일은 고객님으로 하여금 본인에게 중요한 이슈 및 목표를 확인하게 하고 고객님의 투자의 편안함의 수준과 투자기간을 포함하여 좀 더 나은 투자자 프로파일의 그림을 그리게 합니다. 그 다음 우리는 고객님의 재무 목표를 달성하는 것을 돕기 위해 추천 자산 포트폴리오와 함께 고객님의 니즈에 맞는 투자전략을 개발하기 위해 본 프로파일을 사용합니다.

이것이 투자의 첫 단계임을 명심하십시오. 고객님의 개인 상황 또는 목표가 변화되는 경우 그리고 적어도 1년에 한번은 본 프로파일을 검토하는 것이 좋습니다. 추가로 우리는 절세효과를 얻기 위해 다양한 방법으로 고객님의 재무 니즈를 달성하기 위해 많은 도움을 드릴 것을 약속드립니다.

고객님의 투자 목표

고객님의 투자 목표는

1. _____

2. _____

고객님의 투자자 프로파일

개인투자자 프로파일 프로세스에 근거하여 고객님의 투자자 프로파일은 _____ 입니다.

■ 안전 투자자 (The Secure Investor)

- 안전성이 고객님 투자의 가장 중요한 최우선순위 이다.
- 고객님은 확실성 있는 투자수익을 원하기 때문에 낮은 투자수익률을 기꺼이 받아들일 것이다.
- 고객님은 본 투자로부터 정기적인 투자 소득을 원한다.

■ 소득 투자자 (The Income Investor)

- 고객님이 투자한 돈은 안전성이 중요하다.
- 고객님은 자본의 가치에 있어 단지 약간의 변동성만 받아들일 수 있고 상대적으로 일관성 있는 투자 수익률을 선호한다.
- 고객님은 본 투자로 부터 정기적 소득 창출이 필요하다.

■ 보수 투자자 (The Conservative Investor)

- 고객님은 본인이 투자한 자금이 합리적 안전성을 강조하는 투자방법에 편안하다.

- 약간의 투자 성장과 함께 소득창출을 선호한다.
- 투자 가치에 있어 중간 정도의 변동 폭은 받아들일 수 있다.

■ 혼합 투자자 (The Balanced Investor)

- 고객님은 자본 가치에 있어 변동성을 받아들일 수 있다.
- 고객님은 좀 더 높은 수익 가능성의 결과를 가져올 수 있는 중간 정도 위험도를 가진 투자 방법에 소득 창출 및 투자 성장의 조합을 원한다.
- 주로 단기투자는 하지 않는다.

■ 성장 투자자 (The Growth Investor)

- 고객님의 최우선 투자 니즈는 투자자본의 성장이다.
- 고객님의 장기 투자 성장 가능성으로 인한 상당한 투자 변동성을 받아들일 준비가 되어 있다.
- 단기 투자에 대한 니즈는 없다.
- 본 투자로부터 소득창출은 필요 없다.

■ 공격형 성장 투자자 (The Aggressive Growth Investor)

- 고객님은 본 투자로부터 최대한 투자 성장 기회를 많이 얻고자 한다.
- 고객님은 본 투자자금이 상당한 변동성이 있을 수 있다는 사실을 인지한다.
- 장기 투자를 위해 투자하는 것이다.

고객님의 니즈에 적합한 투자 포트폴리오를 창조하기 위해

고객님의 바람직한 투자 관여도의 수준과 현 포트폴리오의 사이즈가 결정된 후, 우리는 특정 상품 솔루션을 추천할 수 있다.

- 고객님의 투자 전략은 투자자 프로파일 자산 혼합 모델을 근간으로 하여 만들어 집니다.

고객별 니즈와 상황에 맞는 조언

우리의 모든 재무설계사는 고객님게 맞는 투자전략을 만드는 것을 돕도록 특별히 훈련되었습니다. 개인투자 프로파일을 사용하여 고객님의 투자 목적을 결정하고 견고한 투자 전략을 개발하는 것을 우리 재무설계사들이 전문적으로 도울 것입니다.

우리는 고객님께 모델 포트폴리오를 제시할 것이고 어떻게 우리의 투자 전략이 고객님의 투자목적을 달성하게 하는 지 설명해 드릴 것입니다.

투자자 프로파일 추천 자산 혼합 모델
(Investor Profile Asset Mixes)

주의사항

- 본 추천 자산 혼합 모델은 각 투자자 프로파일의 목적을 충족시키도록 프로파일별로 채권, 주식, 현금의 혼합비율을 적용하였습니다.
- 본 모델 적용시 최초 도입 후 경제 상태 및 시장 전망을 적용하여 반기별로 검토되어야 합니다.

1. 안정형 투자 스타일(Secure, All Income)

Secure

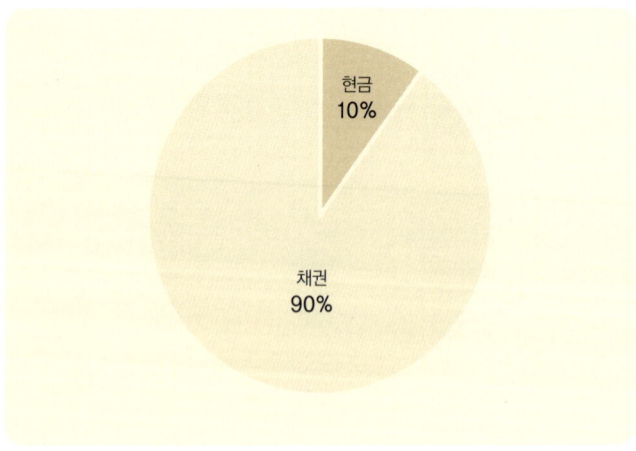

2. 소득형 투자 스타일(Income)

Income

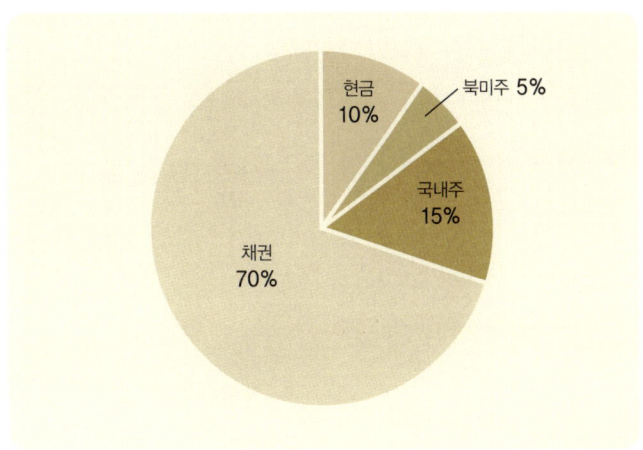

3. 보수형 투자 스타일(Income Growth)

Conservative

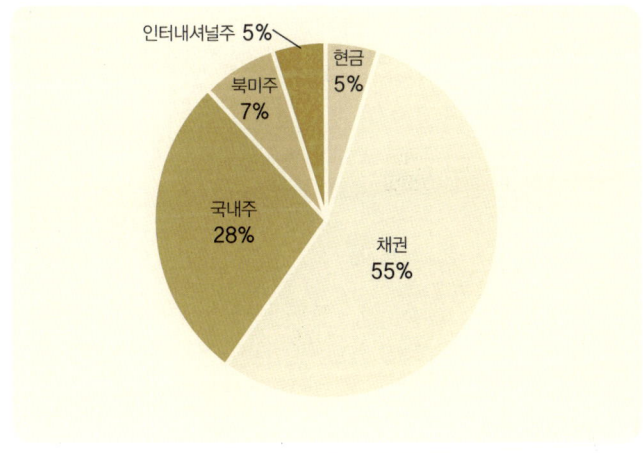

4. 혼합형 투자 스타일(Balanced Growth)

Balanced

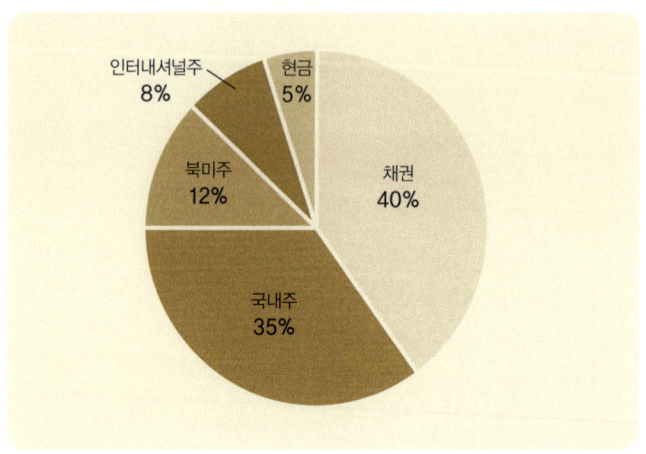

5. 성장형 투자 스타일(Growth)

Growth

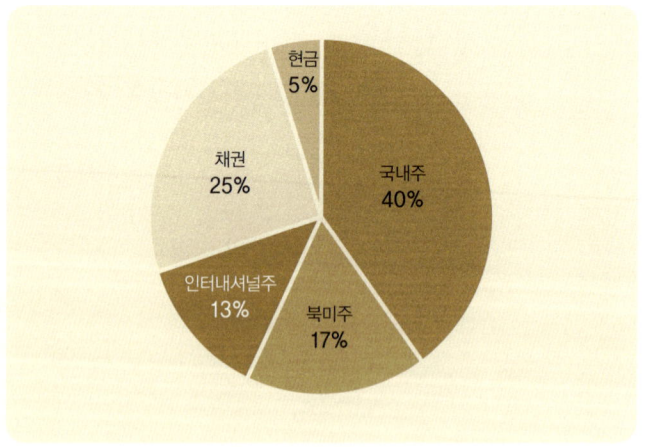

6. 공격적 성장형 투자 스타일(All Equity)

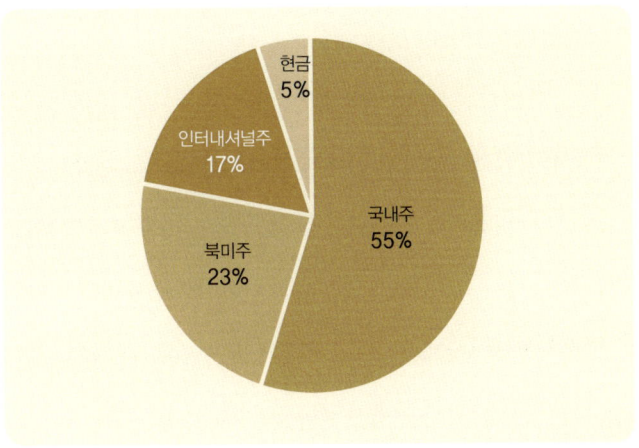

에·필·로·그

지금까지 필자는 성공적인 재무설계사 즉 독립 금융사업가가 되기 위해 모든 비즈니스 시스템 및 노하우를 본 책에 기술하였다.

캐나다에서 금융 비즈니스를 하다가 한국에 온지 어언 2년이 흘렀다. 그동안 한국의 금융 및 제도에 대해 많은 것을 배우고 느꼈다. 하지만 자본시장법이 시행되고 국제공인재무설계사(CFP) 제도가 도입된 지 그리 오랜 시간이 흐르지 않은 현시점은 아직 한국금융계가 걸어가야 될 길은 멀다.

하지만 한국의 저력과 힘을 생각해 볼때 그리 오랜 시간이 흐르지 않아 금융 선진국 미국, 캐나다, 영국과 같은 선진형 금융시스템을 갖추게 될 것이고 회사를 위한 영업컨설팅이 아닌 고객의 이익을 진정 추구할 수 있는 전문컨설팅시스템이 장착된 그런 선진 금융 국가가 되리라 믿어 의심치 않는다. 필자의 미약한 경험과 전문적 지식과 노하우가 본 도서로 인하여 조금이나마 한국의 금융혁신과 고객들의 이익추구에 보탬이 되었음 하는 바람이다.

본 도서를 통해 많은 혁신적 금융 비즈니스맨들이 탄생되어지길 기도해 본다. 또한 본 도서를 통해 비즈니스 시스템을 획득한 금융 비즈니스맨들은 반드시 국가공인재무설계사(AFPK)와 국제공인재무설계사(CFP) 프로그램을 통해 본인의 전문적 지식을 배양하고 업무에 활용하여 고객이익 추구와 금융계의 발전에 공헌해 주길 당부한다.

다만 고급 전문가 과정을 이수할 때 전문자격만 획득하려는 노력보다는 전문적 지식을 쌓아 본인의 경험 및 노하우를 고객에게 전달하려는 마음으로 긴 시간 노력해야 할 것이다.

마지막으로 이 책을 출간하는데 많은 정신적 지식적 경험적 도움을 준 국제공인재무설계사(CFP) 이무준님과 국가공인재무설계사(AFPK) 정현주님께 감사드린다.

캐나다 국제공인재무설계사 최재혁